Collection animée par Jack Chaboud

1
Chouettes vacances en perspective !

LA tête des copains, quand je leur ai annoncé la grande nouvelle !

« Ouah, l'autre ! s'est exclamé Félix en ouvrant des yeux ronds.

— Un film ? Un vrai, comme au cinéma ? a bafouillé Franck.

— Ouais, les gars, un VRAI film, avec de VRAIS acteurs ! Et quand vous connaîtrez leurs noms, vous n'allez pas en revenir. »

La question a couru de lèvres en lèvres :

« Qui ? Qui ? »

J'ai pris mon air le plus mystérieux, histoire d'augmenter encore un peu le suspense, puis j'ai lâché négligemment :

« Pamela Brindisi… »

Sous le choc, Félix a rougi, Franck a pâli, Olivier est devenu vert. Quant à Cédric, il est passé par toutes les couleurs de l'arc-en-ciel.

« Pamela Brindisi, ont-ils ânonné en chœur. Oh, la vaaaaache…

— Et le metteur en scène ? j'ai ajouté. Vous ne devinerez jamais qui c'est, le metteur en scène ! »

Je les ai regardés les uns après les autres, ils bouillaient de curiosité. Alors, en détachant bien chaque syllabe, j'ai annoncé.

« Jean Lorrin ! »

Y a eu un moment de stupéfaction, puis Olivier s'est écrié :

« Jean Lorrin ? LE Jean Lorrin ? Tu… Tu te fiches de nous ou quoi ? »

Je n'avais jamais vu mes camarades dans un état pareil. À la fois surexcités et paralysés d'étonnement.

Mais à bien y réfléchir, ça n'avait rien de très

surprenant. Moi-même, quand j'avais appris la nouvelle, la veille au soir...

« C'est un plan de mon oncle, vous savez, Luc Legendre, le comédien...

— Celui qui joue toujours des rôles de vampire ?

— Oui, il est la vedette du film. Et comme toute une partie de l'histoire se passe en camp d'ados, il m'a fait embaucher.

— Quel veinard ! a soufflé Cédric, écœuré.

— Vous n'avez pas besoin d'autres figurants ? s'est empressé Félix. Jean Lorrin, c'est mon idole, et justement, j'ai rien de prévu pour les vacances... »

Ça a déclenché un concert de cris.

« Moi aussi !

— Et moi !

— Et moi ! »

J'ai pouffé de rire :

« Ne vous fatiguez pas, les mecs, le casting est bouclé.

— Même pour les filles ? a demandé Olivier. Parce que ma sœur serait folle de joie. Elle voudrait devenir comédienne, et...

— Te fatigue pas je te dis. La seule adolescente du film, c'est ma cousine Julie.

— Et ça se tourne où ? a demandé Félix.

— Dans un petit bled paumé, à deux cents bornes d'ici. Malfranche-sur-Loire, ça s'appelle. Paraît qu'il y a un château… »

Le visage d'Olivier s'est illuminé.

« Le château de Malfranche ? Ah ouais, je connais, ma grand-mère habite tout près. On le voit de loin en passant en voiture… »

Je lui ai filé une grande tape dans le dos.

« Bientôt, tu le verras de près sur un écran, mon vieux… Et je serai dedans ! »

Ces événements se déroulaient hier, et en y repensant, je ne peux m'empêcher de rigoler. Moi qui, en général, passe complètement inaperçu – je suis plutôt petit pour mes treize ans, nul en sport, pas très bon élève, et aucune fille ne s'intéresse à moi –, me voilà devenu, d'un seul coup, l'élève le plus important de ma classe. Du collège, même. Vrai, pour une sacrée revanche, c'est une sacrée revanche ! Éclipsé, Franck, le champion de karaté ! Écrasé, Cédric le super-dragueur ! Évincé, Olivier qui rend tout le monde jaloux avec sa play-station ! Pour un peu, je me prendrais déjà pour une star…

Dans le TGV qui m'emmène vers le lieu du tournage, je rêvasse tant et si bien que la voix annonçant : « Mesdames et messieurs, nous arrivons en gare d'Angers. Angers, trois minutes d'arrêt » me laisse ahuri. Quoi, il y a déjà presque deux heures que j'ai quitté Paris ? Ma parole, je n'ai pas vu le temps passer...

D'un bond, je me lève, j'attrape mon sac et je me précipite vers la portière.

Deux personnes m'attendent sur le quai : oncle Luc, drapé dans une longue cape noire (ma parole, celui-là alors, même en dehors du plateau il se prend pour un vampire !), et une jeune fille que je ne connais pas. Enfin, quand je dis une jeune fille... Imaginez une grande asperge maigre comme un clou, en salopette jaune, Doc's vertes, tee-shirt violet et, comble du comble, pourvue de cheveux rouges coupés en brosse. Ajoutez à ça un anneau dans la narine gauche et le plus éclatant sourire du monde, et vous aurez un portrait à peu près complet. À peine ai-je débarqué que l'asperge se rue sur moi.

« Salut, Loïc ! »

Et avant que j'aie le temps de réaliser ce qui

m'arrive, elle me plante deux baisers sonores sur les joues.

« Bonjour, mon grand, dit oncle Luc, s'avançant à son tour. Alors, tu ne reconnais pas ta cousine ? »

Julie ? C'est Julie, ça ? Mon étonnement se change en stupéfaction. Faut dire, il y a au moins cinq ans que je ne l'ai pas vue. Dans mon souvenir, c'était une gamine moche, assez détestable, qui se gavait de bonbons et pleurnichait quand je tirais ses nattes.

Je lui lance un regard ébloui.

« Ben dis donc, t'as drôlement changé ! »

Elle se met à rire.

« En mieux ?

— En supermégacool ! »

Ravie du compliment, elle me re-saute au cou… pour autant qu'on puisse sauter au cou de quelqu'un qui vous arrive à l'épaule. Car, bien qu'ayant à peine un an de plus que moi, Julie me dépasse d'une bonne tête.

« Je sens qu'on va bien s'entendre, tous les trois ! » déclare-t-elle.

Je lève les yeux vers oncle Luc.

« Ça, c'est sûr, hein tonton !

— Ah, moi, je ne suis pas dans le coup ! déclare ce dernier.

— Mais… Julie vient de dire "tous les trois"… »

Nouvel éclat de rire de mon incroyable cousine.

« Et d'un, je ne m'appelle plus Julie, mais P'tit Jules. Et de deux, en disant "tous les trois", je ne parlais pas de papa mais de Tatouille ! »

Elle désigne la poche de sa salopette, et c'est seulement alors que je le remarque. De lui, on n'aperçoit qu'un museau pointu orné de moustaches frémissantes et une minuscule truffe rose. Je fais un bond en l'air.

« Mais… mais… c'est un rat !

— MON rat ! » précise Julie (enfin, P'tit Jules) en l'extirpant de sa cachette.

Et elle me le met d'office entre les mains.

J'ai un mouvement de recul que je réprime bien vite. Inutile de passer pour une mauviette ! Surmontant ma répulsion, je file une vague caresse au petit animal avant de le rendre bien vite à sa propriétaire. Mais celle-ci n'est pas dupe.

« T'en fais pas, il ne mord pas, pouffe-t-elle en l'installant sur son épaule. Ça surprend un peu au début, mais tu auras tout le temps de t'habituer.

— Il… euh… il joue aussi dans le film ?

— Bien entendu : je ne m'en sépare jamais. Si je tourne, il tourne ! »

Cinq minutes plus tard, bras dessus bras dessous, nous gagnons le parking de la gare où nous attend la Twingo d'oncle Luc.

« En route vers Malfranche, déclare P'tit Jules en se glissant sur le siège avant. Toute l'équipe est déjà sur place, et tu vas voir, Loïc, ils sont super-sympas ! »

2
Une légende à vous donner froid dans le dos

L'AUBERGE à l'enseigne de « La Tour morte » se trouve en rase campagne, mais sa terrasse est pleine de monde et de nombreuses voitures stationnent aux alentours.

« Voici notre quartier général », annonce oncle Luc en se garant à côté d'un camion.

Au même moment, un homme à cheveux blancs – que je reconnais pour avoir vu cent fois sa photo dans les journaux – se lève de table et vient à notre rencontre. P'tit Jules se charge des présentations.

« Jean Lorrin… Mon cousin Loïc…

— B… Bonjour, monsieur Lorrin. »

Je tends une main un peu tremblante. Rencontrer, en chair et en os, celui que toute la presse surnomme « le maître des vampires », quel honneur… et quelle émotion ! J'en ai les jambes qui flageolent. Mais le cinéaste me met tout de suite à l'aise.

« Enchanté de te connaître, Loïc ! Et pas de chichis entre nous, hein : appelle-moi Jean et tutoie-moi. »

Rasséréné par la chaleur de cet accueil, c'est d'un pas assuré que je rejoins le groupe.

« Tous ces gens-là travaillent avec nous, P'tit Jules ?

— Ouais.

— Ça en fait du monde, dis donc, rien que pour tourner un film !

— Tu rigoles ? On est très peu, au contraire : à peine une dizaine. La moitié des effectifs habituels. Mais Jean aime travailler en équipe réduite où tout le monde met la main à la pâte. Ça revient moins cher et c'est bien plus relax. »

Un rire tonitruant explose à côté de moi. Il émane d'un géant blond et barbu, coiffé d'un bonnet rayé et vêtu d'une chemise de trappeur, qui discute avec une sorte de bagnard en tee-shirt rayé, complètement rasé.

« Dylan et Biribi, me glisse ma cousine tout bas. Le régisseur lumière et l'assistant-réalisateur, qui s'occupe aussi de la déco. Et la petite brune à lunettes, là plus loin, c'est Anne, la script. »

J'acquiesce d'un signe de tête distrait. Toute mon attention est captée par un Africain coiffé de locks rasta, son walkman aux oreilles, qui se dandine sur des rythmes qu'il est seul à entendre.

« Lui, c'est Mamadou, sourit P'tit Jules. Le preneur de son. Un vrai fou de musique. Je le soupçonne de dormir avec ses écouteurs… »

Au même instant, un glapissement aigu éclate :

« Alors, ce serveur, il vient, oui ou merde ? »

À l'extrémité de la terrasse, une femme gesticule, visiblement furieuse. En l'apercevant, j'ai un coup au cœur. Cette allure juvénile, cette longue chevelure blonde, ce visage triangulaire aux pommettes hautes…

Ma parole, mais c'est…

« Pamela Brindisi !

— Elle-même, soupire P'tit Jules. Le point noir…

— Le quoi ?

— Le point noir, le hic, quoi... Je te disais tout à l'heure que l'équipe était sympa, c'est la vérité... sauf en ce qui la concerne, elle !

— Ah bon ? Dans ses films, elle a l'air tellement décontractée...

— Dans ses films seulement, parce que dans la vie ! »

Ma cousine esquisse une grimace éloquente, tandis que l'actrice continue à vitupérer. Entre-temps, une autre femme s'est jointe à elle : la quarantaine, des cheveux poivre et sel coupés au carré, de grosses joues couperosées... Toutes deux criaillent en chœur :

« C'est insupportable, un service pareil ! On a cent fois le temps de mourir de soif !

— Cette auberge est tenue par des incapables !

— Voilà la mère Michèle qui s'en mêle, me chuchote P'tit Jules.

— Qui c'est, celle-là ?

— La maquilleuse... Elle est complètement sous la coupe de Pam. Impossible de savoir si elle l'adore ou si elle en a une peur bleue. Un peu des deux, sans doute... »

Alerté par le bruit, le patron arrive en courant, portant une bouteille de champagne et des verres.

« Ah, enfin, ce n'est pas trop tôt ! » hurle Pamela, les poings sur les hanches.

La colère fripe son visage. Comme ça, elle est presque laide. En tout cas, elle paraît beaucoup plus vieille ! Où est l'adorable sauvageonne de *Lola-des-îles,* la guerrière craquante de *Tribu urbaine,* l'étudiante pleine d'humour de *Love School* ? On dirait une mégère... Si mes copains la voyaient, ils seraient drôlement déçus !

« Désolé, s'excuse l'aubergiste en débouchant la bouteille, mais je manque de personnel aujourd'hui. Mon employée est grippée, et...

— C'est sans importance, le rassure Jean Lorrin avec un bon sourire. Mademoiselle Brindisi est nerveuse, ça arrive souvent en début de tournage... Nous ferez-vous le plaisir de trinquer avec nous, cher monsieur ? »

Il saisit son verre, le lève :

« Je porte un toast à notre film, *Sanglantes Fiançailles,* et à tous ceux qui y participent !

— À *Sanglantes Fiançailles !* répond l'assistance avec enthousiasme.

— Alors, comme ça, vous êtes dans le cinéma ? s'enquiert l'aubergiste, intrigué.

— Oui, et nous tournons dans la région. Cette semaine, nous sommes au château de Malfranche, et la semaine prochaine, dans les…

L'aubergiste manque d'avaler sa langue.

— Au château de… Sacrénom, vous n'avez pas peur, vous !

— Pourquoi aurions-nous peur ? s'étonne Jean Lorrin.

— Vous ne savez donc pas que le château est hanté ?

— Hanté ? pouffe oncle Luc. Qu'est-ce que c'est que cette histoire ?

— Hanté ? répète Dylan, avec un fort accent américain. How, twès folklowique !

— Riez, riez… grommelle l'aubergiste. Mais vous rirez moins quand le spectre de la comtesse viendra vous chatouiller les pieds !

Des exclamations amusées fusent çà et là :

— Le spectre de la comtesse ?

— Brrrr, j'en ai froid dans le dos !

— Racontez-nous ça, cher monsieur », propose Jean Lorrin.

LA TOUR
MORTE

Sentant qu'on ne le prend pas au sérieux, l'aubergiste s'exécute de mauvaise grâce.

« Vous voyez cette tour ? » dit-il en tendant le doigt vers l'horizon.

Toutes les têtes se tournent dans la direction indiquée. À quelques kilomètres, on aperçoit la masse verte d'un bois. Émergeant de la cime des arbres, un toit pointu se découpe sur les nuages.

« C'est la Tour morte…

— D'où le nom de votre établissement, remarque Biribi entre deux gorgées de champagne.

— Exactement. On raconte qu'au dix-huitième siècle, le comte de Malfranche y vivait avec sa femme Lorraine et leur fils, le petit Hugues. Ce dernier était à peine âgé de quelques mois lorsque son père partit à la guerre, où il fut tué. Deux années passèrent. La veuve élevait son enfant, seule dans ce grand château sinistre, lorsqu'une nuit, un cavalier masqué vint frapper à sa porte. Il prétendait être le comte. Laissé pour mort sur le champ de bataille, il avait été recueilli et soigné par des paysans. Une perte de mémoire due à ses blessures expliquait sa longue absence… »

Un ricanement interrompt le récit.

« Une perte de mémoire, ben voyons ! lance aigrement la mère Michèle. Pfou, ils disent tous ça ! Moi, quand mon mari m'a quittée... »

Quelques « chut » agacés la font taire.

« Bien entendu, la comtesse n'en crut pas un mot, reprend l'aubergiste. Cet homme ne pouvait être qu'un usurpateur. « Pourquoi dissimulez-vous votre visage ? » demanda-t-elle. « Parce que je suis défiguré et horrible à voir. » Croyant à une ruse, la comtesse exigea qu'il retire son masque. Et là... »

L'aubergiste s'arrête, toise son auditoire.

« Et là ? halètent quelques voix.

— La vision qui s'offrit à elle était si atroce que la pauvre femme faillit tourner de l'œil. Épouvantée, elle s'écria : « Vous n'êtes pas mon époux, vous êtes un monstre, allez-vous-en ou je vous fais chasser par mes domestiques ! » Le visiteur, alors, lui arracha le petit Hugues qu'elle tenait sur les bras. « Puisque c'est ainsi, tu ne reverras jamais ton fils ! » hurla-t-il en disparaissant dans l'obscurité. Le galop de son cheval couvrit bientôt les cris de la malheureuse mère et les pleurs de l'enfant. »

Ma cousine m'envoie un coup de coude dans les côtes.

« C'est complètement gore ! » me souffle-t-elle. J'adooore !

— On dirait un de tes films, Jean, signale Anne en repoussant ses lunettes qui glissent sur son nez.

Le cinéaste a un petit haussement d'épaules.

— Peut-être... Mais ça manque quand même de vampire, à mon goût...

— Et qu'est-il awwivé ensouite ? s'impatiente Dylan.

— Le désespoir de la comtesse fut tel que le lendemain matin, sa chevelure était devenue toute blanche. Durant des semaines et des semaines, les murs résonnèrent de ses lamentations. Malgré de nombreuses recherches, on ne retrouva jamais le cavalier masqué ni sa petite victime. La pauvre Lorraine ne survécut pas à son chagrin : une nuit de pleine lune, elle sauta de la tour (qui, vous vous en doutez, doit à cet événement le surnom de "tour morte"). Mais son âme tourmentée ne connut pas le repos pour autant car, depuis, elle hante le château à la recherche de son enfant perdu. Quand sonne minuit, on l'entend rôder en larmes dans les couloirs. Et à chaque pleine lune, elle revit sa mort atroce... »

Un tonnerre d'applaudissements marque la fin du récit.

« J'ai hâte d'admirer cette demeure maléfique ! s'exclame oncle Luc.

— Et moi, donc ! ajoute Biribi. J'adore les ambiances morbides !

— C'est tout l'effet que ça vous fait ? » s'effare l'aubergiste, déçu.

Jean Lorrin a un sourire plein d'ironie :

« Vous savez, la plupart des endroits dans lesquels nous tournons ont ce genre de réputation. Mais hélas, jusqu'à maintenant, les seuls fantômes que nous ayons recontrés sont ceux prévus au scénario… »

3
Le portrait qui pleure

« PAS mal, hein ! s'écrie P'tit Jules en jaillissant de la voiture. Moi, cet endroit me donne la chair de poule. J'adooore ! »

Sans aller jusqu'à « adooorer », je partage son avis. Je n'ai jamais rien vu d'aussi sinistre ! Ces hauts murs sombres entourant la propriété... Cette végétation hérissée, hostile... Ce ciel gris où croassent des bandes de corbeaux... Et tout au fond, à moitié cachée par les arbres, l'inquiétante silhouette du château... Brrr, on dirait le décor d'un cauchemar !

« Magnifique ! apprécie Jean Lorrin en sonnant au portail rouillé. C'est exactement l'atmosphère que je recherchais pour *Sanglantes Fiançailles !* Nous allons réaliser un petit chef-d'œuvre d'épouvante, mes amis ! »

Oncle Luc se drape dans sa grande cape noire.

« Hmmm, j'ai hâte de commencer, les canines me démangent ! »

Au même instant éclate un aboiement féroce.

— Qu'est-ce que c'est ? crie une voix nasillarde, venue des profondeurs du parc.

— L'équipe cinématographique !

— J'arrive ! »

Un vieillard contrefait, bossu et boiteux, tenant un molosse en laisse, apparaît au bout de l'allée et se hâte jusqu'à nous.

« Ouah, le meeec ! s'extasie ma cousine. D'où il sort, lui, des *Contes de la crypte ?*

— Je suis Gaspard, le gardien du château, annonce le nouveau venu comme s'il avait entendu la question. Et voici Pim, ajoute-t-il en désignant le chien. Méfiez-vous, il n'est pas commode.

— Enchanté, monsieur Gaspard, s'empresse Jean Lorrin. Savez-vous que vous avez un physique très intéressant ? Que diriez-vous d'un petit rôle dans mon film ? »

L'autre ouvre des yeux ronds :

« Pardon ?

— Nous discuterons affaires plus tard, ouvrez-nous, voulez-vous ? »

L'instant d'après, nous pénétrons dans l'étrange domaine.

Il y règne un silence de mort. Pas un chant d'oiseau, pas le moindre crissement d'insecte. Juste le cri des corbeaux tournoyant en cercle dans les nuages.

Je ne peux réprimer un frisson.

« Qu'est-ce qu'il fait froid, ici ! On se croirait dans...

— ... Dans un cimetière ? » suggère gaiement P'tit Jules.

Ouais, c'est exactement ça.

De près, les bâtiments sont encore plus lugubres que de loin. Pas étonnant que les villageois les croient hantés !

À l'idée de rentrer là-dedans, je n'ai qu'une seule envie : prendre mes jambes à mon cou et fuir le plus loin possible.

Presque malgré moi, j'attrape la main de ma cousine.

« Dis donc, je n'aimerais pas me trouver ici quand la nuit tombe !

— Ben faudra t'habituer, mon vieux ! répond-elle en riant. Parce que des nuits, tu vas au moins en passer sept, à commencer par la prochaine...

— Quoi ?

— Évidemment ! Comme on tourne la plupart des scènes en nocturne, c'est plus pratique de loger sur place ! »

J'ai l'impression de me changer en bloc de glace.

« Tu veux dire que... on ne va pas dormir à l'hôtel ? »

P'tit Jules secoue énergiquement la tête, ce qui réveille Tatouille, assoupi sur son épaule. Tandis que le rat regagne la poche de la salopette pour y poursuivre sa sieste plus au calme, ma cousine explique :

« Et d'un, l'auberge de la Tour morte est le seul hôtel du coin, et on est trop nombreux pour y loger tous. Et de deux, la location du château coûte la peau des fesses, il faut donc la rentabiliser au maximum. Et de trois, ce ne sont pas les chambres qui manquent ici, alors pourquoi en chercher ailleurs ? »

Évidemment, vu sous cet angle... N'empêche, rien que d'y penser, j'ai les dents qui jouent les castagnettes. Alors, qu'est-ce que ce sera ce soir !

« Viens, on va visiter pendant que l'équipe s'installe, propose ma cousine en m'entraînant vers le perron.

— N'allez pas dans la tour, nous recommande Gaspard. Les marches sont branlantes, c'est dangereux !

— D'accord ! »

Quelques secondes plus tard, P'tit Jules pousse la lourde porte qui s'entrouvre en grinçant. Un souffle glacé nous saisit.

« Tout à l'heure, on avait l'impression d'entrer dans un cimetière, chuchote-t-elle. Et maintenant... »

Elle prend une large inspiration.

«... Maintenant, on a l'impression de pénétrer dans une tombe ! »

Le château est inhabité depuis de nombreuses années, ça se voit immédiatement. Une épaisse couche de poussière couvre le sol et des toiles d'araignées pendent comme des draperies, oscillant au moindre souffle. Des vitraux représentant des scènes de chasse et de batailles répandent dans le hall d'entrée une bizarre lumière à dominante bleue. Même en plein jour, ici, c'est le crépuscule...

Plusieurs pièces donnent sur cette espèce de rotonde bleuâtre, ainsi qu'un monumental escalier de marbre blanc. Sur le côté gauche, un panneau « Attention, dangé d'éboulemants », maladroitement écrit et mal orthographié, interdit l'accès d'une petite porte dérobée : celle de la tour, sans doute.

Indécis, nous nous regardons, ma cousine et moi. Qu'est-ce qu'on fait ? On monte explorer les étages ou on se contente du rez-de-chaussée ?

« Y qu'à jouer ça à Tatouille ou face, décide P'tit Jules.

— À quoi ?

— Tatouille ou face, une variante de pile ou face que je viens d'inventer. »

Elle dépose son rat par terre. L'animal hésite un instant, lève sa petite truffe pour se repérer à l'odeur, puis se dirige résolument vers la première porte à droite.

« Par là ? approuve P'tit Jules. O.K., allons-y. »

Elle ramasse Tatouille, lui file un bisou sur le

museau, le re-fourre dans sa poche, puis tourne la poignée pour entrer.

« La vaaaache ! »

Subjugués, nous nous arrêtons sur le seuil. La pièce mesure au moins… vingt mètres de long, peut-être plus. À elle toute seule, elle a la dimension d'un appartement. Ses murs sont couverts de miroirs marbrés de grandes taches brunes et si ternis qu'ils ne reflètent plus que des ombres imprécises. On s'y reconnaît à peine, ma cousine et moi…

Nos pas, sur le parquet, résonnent étrangement. Tap… tap… tap…

« C'est l'écho des lieux vides… chuchote P'tit Jules en s'efforçant de marcher sur la pointe des pieds. Le même que dans les musées et les églises… »

D'une voix qui, elle aussi, résonne étrangement, je demande :

« Tu crois que c'était le salon ? Bonjour l'intimité !

— On dirait plutôt une salle de bal… »

Un hoquet lui coupe la parole. Au fond de la pièce, elle vient d'apercevoir une énorme cheminée et, au-dessus…

« Oh, regarde ! »

… Au-dessus est accroché un portrait de femme. On a du mal à distinguer ses traits, seul le blanc de ses yeux luit dans la pénombre. Et… Et ces yeux semblent nous suivre du regard !

« Nom de nom, je veux voir ça de tout près ! » s'écrie P'tit Jules en fonçant dessus.

Je la suis à contrecœur. Un frisson glacé me court entre les omoplates, mais de quoi j'aurais l'air si je l'avouais ?

Dans le bas du cadre, une petite plaque de cuivre indique : Lorraine, comtesse de Malfranche.

« Le fantôme de la légende ! » murmure ma cousine.

Cette fois, elle est vraiment impressionnée. D'autant que…

« Qu'est-ce que c'est que ça ? » sursaute-t-elle soudain.

Deux traînées humides coulent le long du tableau et s'accumulent, plic, plic, en une petite mare sur le marbre de la cheminée.

« Ce… ce n'est pas possible… Je rêve ou quoi… ? »

Non, elle ne rêve pas : Le tableau pleure !

4

Silence, on tourne !

LA trouille donne des ailes, c'est bien connu ! Lorsque – sans trop savoir comment ! – nous nous retrouvons dans le hall, une demie-seconde plus tard, j'ai les genoux qui s'entrechoquent. Quant à P'tit Jules, elle est si pâle qu'elle ressemble plus que jamais à une asperge.

« T... tu as vu ce que j'ai v... vu ? » bégaie-t-elle, hors d'haleine.

Incapable d'articuler un mot, je me contente de hocher la tête. C'est le moment que choisit oncle Luc pour entrer en trombe.

« Ah, vous êtes là, les mômes ? On vous cherche partout !

— P'pa, il vient de se passer un truc... » commence ma cousine.

Son père l'interrompt d'un geste.

« Plus tard, ma chérie. Tout est déjà en place pour la première prise, on n'attend plus que vous...

— Mais... on vient à peine d'arriver !

— Il y a une lumière particulièrement intéressante, en ce moment. Ça ne va sûrement pas durer. Jean veut en profiter pour tourner une scène d'extérieur avec vous, et vous n'êtes même pas maquillés... »

Il nous examine de la tête aux pieds.

« Avec vos mines de déterrés, ce ne sera pas du luxe !

— Justement, p'pa... insiste P'tit Jules.

— Allez, allez, filez ! s'énerve oncle Luc. La salle de maquillage se trouve au premier étage, la première chambre à droite. »

L'escalier de marbre blanc aboutit dans un vaste couloir, tapissé de portes des deux côtés. La plus proche est ouverte, et une femme fredonne à l'intérieur.

« C'est là, tu crois ?

— Ouais, je reconnais la voix de la mère Michèle. »

La pièce est sommairement meublée d'une table de camping croulant sous les produits de beauté, de quelques sièges pliants, d'un portant rempli de vêtements et d'un paravent.

« Ah, tout de même, vous voilà ! s'écrie la maquilleuse dès qu'elle nous aperçoit. Où étiez-vous passés ?

— Ben, on visitait… dit P'tit Jules. Et tu ne devineras jamais ce qu'on a v…

— Tu m'expliqueras ça plus tard. Assieds-toi vite, il n'y a pas une minute à perdre… »

À contrecœur, P'tit Jules obéit. Du coup, c'est moi qui me jette à l'eau.

« Euh… On a assisté à quelque chose de terriblement effrayant !

— Ah ? répond distraitement la mère Michèle, le nez dans ses pots de crème.

— Oui, en bas, dans le grand salon… Un tableau qui pleure… »

La mère Michèle saisit le menton de ma cousine, oriente son visage vers la lumière.

« Oui… Un tableau qui pleure… répète-t-elle distraitement. Il faudra me montrer ça quand nous aurons un peu plus de temps… Ferme les yeux, fillette, et renverse bien la tête en arrière… »

Je sens la moutarde me monter au nez :

« Vous ne comprenez pas, le tableau pleurait VRAIMENT !

— Laisse tomber, Loïc ! me jette P'tit Jules tandis que la mère Michèle lui tartine les joues de fond de teint.

— Va plutôt te changer, ajoute la maquilleuse. Tes vêtements sont accrochés derrière le paravent… »

Ma cousine a raison, inutile de s'obstiner. Personne, ici, n'est assez disponible pour nous prendre au sérieux. Et cette constatation me tord le ventre : CAR NOUS SOMMES LES SEULS À SAVOIR QUE LE CHÂTEAU EST VRAIMENT HANTÉ !

Bon, en attendant, fantôme ou pas, faut que je me prépare, moi !

Je fais un effort surhumain pour oublier mes préoccupations… et j'y arrive. D'autant que…

« Je dois mettre ça ? »

Suspendu à un cintre, il y a un bermuda et une ridicule chemise hawaïenne… À quoi je vais ressembler, moi, dans ce déguisement ?

« Dépêche-toi, Loïc, insiste la mère Michèle. J'ai presque terminé P'tit Jules, ça va être à toi. »

Avec un soupir, je retire mon tee-shirt *Akira* et mon jean pour enfiler la tenue ringarde. Puis, tout penaud, je me montre.

« Pfff, c'est naze ! pouffe ma cousine.

— Marre-toi, ma vieille, tu feras moins la maligne quand tu verras ce qui t'attend… »

Ce qui l'attend, c'est une robe à fleurs affreusement démodée. Par avance, je savoure ma petite revanche.

Ça lui apprendra, à cette punaise, à se moquer de moi !

Tandis que je m'installe à mon tour dans le fauteuil, j'ai la satisfaction de l'entendre râler derrière le paravent :

« Oh non, c'est nullissime ! Pas question que j'enfile ça !

— Vous avez fini votre cirque, tous les deux ? siffle la mère Michèle. Où vous croyez-vous, dans un défilé de mode ? Ce serait du joli si tous les acteurs commençaient à donner leur avis, moi je veux mettre ceci, moi je ne veux pas mettre ça ! Si Jean Reno, sous un prétexte quelconque, avait remplacé son armure par une combinaison d'homme-grenouille, dans *Les Visiteurs*, ça aurait donné quoi, à votre avis ? »

Sous l'engueulade, nous baissons la tête. Elle a raison, évidemment… N'empêche, je n'ose imaginer la réaction des copains quand ils me verront à l'écran avec mon look de clown. Quant à P'tit Jules… Dans sa robe à fleurs, elle me rappelle la Julie moche et pleurnicharde dont je tirais les nattes, il y a quelques années. La seule différence, ce sont ses cheveux rouges. Et son rat, mais il se confond presque avec les pâquerettes et les myosotis du hideux tissu.

« La honte ! souffle-t-elle comme nous redescendons. On a l'air de deux ploucs… »

La honte, ouais, je suis tout à fait d'accord… Mais y a quand même un avantage, si on y réfléchit : c'est que cette honte a balayé notre peur de tout à l'heure. À côté de l'humiliation qui nous serre le bide, les larmes de la comtesse, franchement, est-ce que ça compte ?

À notre grande surprise, des appréciations flatteuses nous accueillent sur le plateau :

« Très bien !

— Tout à fait dans le ton !

— Ils sont plus vrais que nature ! »

On se regarde, ma cousine et moi : être « plus vrais que nature », est-ce une consolation ? Nous n'en sommes sûrs ni l'un ni l'autre.

« En place ! crie Jean Lorrin, que nos états d'âme n'intéressent pas. Il faut profiter de la position du soleil ! »

Il nous prend chacun par un bras et nous amène au pied du perron.

« Pam ! » appelle-t-il.

L'actrice se précipite.

Contrairement à nous, son déguisement lui va plutôt bien. Cette queue de cheval, ce pantalon corsaire et ces espadrilles la rajeunissent de dix ans au moins ! Comme ça, elle est presque aussi chouette que dans *Lola-des-îles !*

« La scène se passe dans les années cinquante, reprend Jean Lorrin. Loïc et P'tit Jules, vous êtes les pensionnaires d'une colonie de vacances, et il y a un problème au camp. L'un de vos camarades a eu un accident. En compagnie de Pamela, votre monitrice, vous venez au château chercher du secours. L'affolement doit se lire sur votre visage. Vous vous bousculez en escaladant les marches quatre à quatre. Toi, Loïc, tu dis : « Pourvu qu'il y ait quelqu'un ! », et P'tit Jules répond : « Ça a l'air abandonné ! » Compris ?

— Compris ! »

Mentalement, je récite à toute vitesse : « Pourvu qu'il y ait quelqu'un… Pourvu qu'il y ait quelqu'un… »

« Et toi, Pam, tu te souviens de ta réplique ? » demande Jean Lorrin.

La vedette a une moue agacée.

« Évidemment, tu me prends pour une débutante ? « Il nous faut de l'aide d'urgence, c'est une question de vie ou de mort ! »

— Parfait… On commence par tourner un bout d'essai, pour voir… »

Il se tourne vers la caméra, plantée au milieu du parvis.

« Biribi, c'est bon pour le cadrage ?

— C'est bon !

— Mamadou, le son ?

— C'est bon aussi !

— Anne ! »

La script s'avance, son clap en main.

« *Sanglantes Fiançailles*, scène IV, essai ! » annonce-t-elle.

Le grand moment est arrivé. Sous les yeux attentifs de toute l'équipe, il va falloir que je dise mon texte… Je sens que je vais me tromper… Je vais OBLIGATOIREMENT me tromper ! J'ai le cœur qui bat la chamade, l'estomac en compote, les orteils recroquevillés au fond de mes baskets. J'ai envie de vomir… Je suis… JE SUIS CARRÉMENT MALADE DE FROUSSE !

Allons, un effort, il faut que je me ressaisisse. « Pourvu qu'il y ait quelqu'un… Pourvu qu'il y ait quelqu'un… » Aïe, aïe, aïe, cette phrase, pourtant si simple, ne sortira jamais de ma gorge trop serrée. Elle ne PEUT pas sortir… ou alors, sous forme de bouillie. Les mots vont se bousculer sur mes lèvres et personne ne comprendra rien…

« Pourvu qu'il y ait quelqu'un… Pourvu qu'il y ait quelqu'un… »

Je sais ce qui va se passer, je vais attraper le hoquet. Ça sera horrible : « Pourvu qu'… hic… il y ait… hic… quelqu'un… » Ou alors, mon ventre va se mettre à gargouiller. Ou je vais éternuer…

« Moteur ! crie Jean Lorrin. Action ! »

Avec une aisance sidérante, Pam et P'tit Jules s'élancent dans l'escalier. Pas moi, malheureusement : paralysé par l'émotion, je reste planté sur place, comme une andouille.

« Coupez ! » crie Jean Lorrin.

Il s'approche de moi à grandes enjambées, les sourcils froncés.

« Eh bien, Loïc, tu dors ?

— Euh, non… Je… je…

— Quand je dis « action », c'est le signal du départ, tâche de t'en souvenir. Allez, on reprend. Et n'oublie pas que tu es le premier à parler !

— Du cran, fiston ! m'encourage oncle Luc.

— T'en fais pas, mec, ça va aller ! » ajoute Mamadou avec un grand sourire tout blanc.

Et Biribi de s'esclaffer, l'œil dans le viseur de la caméra :

« Ce n'est qu'un mauvais moment à passer, après tout. Comme quand on monte à l'échafaud !

— *Sanglantes Fiançailles*, scène IV, deuxième essai ! »

Un mauvais moment à passer… Il en a de bonnes, lui ! Je ne suis plus qu'une boule de trac. Est-ce que tous les acteurs éprouvent la même chose ? Si oui, ce n'est pas de la tarte, finalement, le cinéma !

« Moteur ! Action ! »

Plein de bonne volonté, je me précipite dans l'escalier en bousculant mes partenaires. Mais dans ma hâte, je rate une marche, trébuche et dégringole, tout en hurlant à pleins poumons :

« Pourvu qu'il y ait quelqu'un, ouille, ouille, ouille ! »

Ma cousine se fige, stupéfaite.

— Il est pas bien, lui ?

— Qu'est-ce que c'est que cet olibrius ? » grogne Pamela.

Heureusement, Mamadou se précipite pour m'aider à me relever.

« Cool ! me chuchote-t-il à l'oreille. Détends-toi, mets-toi dans la peau de ton personnage. Et ne te laisse surtout pas impressionner par ceux qui te regardent : à ta place, ils ne feraient pas mieux que toi ! »

La troisième tentative est la bonne. Réconforté par les paroles du preneur de son, je donne le meilleur de moi-même. Et, sans me vanter, je peux même dire que j'assure : mon texte est clair, mes gestes naturels… Des félicitations saluent ma performance.

« Bravo, fiston ! lance oncle Luc.

— Tu vois, quand tu veux ! s'exclame ma cousine en m'embrassant.

— T'es doué, mon pote ! sourit Mamadou.

— O.K., nous allons pouvoir filmer, annonce Jean Lorrin. Loïc, tu nous rejoues ta scène exactement pareil, d'accord ? Prêt, Mamadou ? »

L'intéressé brandit sa perche couronnée d'un micro.

« Prêt, patron !

— Biribi, Anne ?

— Prêts !

— Silence, on tourne ! »

Tiens, comme c'est curieux… Mon trac s'est envolé !

5
Les caprices de miss Pamela

LE drame a lieu en fin d'après-midi, après le tournage de la scène V (où nous repartons dare-dare vers le camp, P'tit Jules, la monitrice et moi, car personne n'est venu nous ouvrir).

« On fait une pause en attendant la tombée de la nuit, annonce Jean Lorrin. Nous reprendrons après le dîner.

— Ça tombe bien, approuve Pamela, je suis crevée. Je vais aller me reposer une heure ou deux : un bon bain, un petit brushing… »

Toute l'équipe se regarde d'un air embarrassé.

« Où est ma chambre ? poursuit l'actrice. Je n'ai pas encore eu le temps de la visiter.

— Euh… En haut, à côté de la salle de maquillage, dit Biribi. Je t'ai monté tes bagages… »

Pam a déjà escaladé le perron. Sa queue de cheval blonde danse dans sa nuque au rythme de sa course.

« Merci… » jette-t-elle par-dessus son épaule avant de s'engouffrer dans le château.

À peine a-t-elle disparu que ma cousine me glisse à l'oreille :

« Houlà, je sens que ça va barder !

— Pourquoi ? »

Du menton, elle me désigne le reste de l'équipe. C'est vrai qu'ils n'ont pas l'air à l'aise dans leurs baskets…

« Tu l'as prévenue ? demande Jean Lorrin à son assistant.

— Ben… non, j'ai pas eu le temps !

— Tu pawles ! s'exclame Dylan, mi-figue mi-raisin. Dis plutôt que tu n'as pas osé, tu as eu peuw de sa wéaction ! »

Là, je comprends de moins en moins.

« Mais enfin, qu'est-ce qu'il y a ?

— Il y a que Pam est habituée au luxe, rigole Mamadou. Elle ne conçoit pas de dormir dans une chambre sans confort.

— Et quand elle s'apercevra que ce n'est pas le cas, on va l'entendre ! » soupire Anne.

Mamadou met son casque et hausse le son de son walkman.

« Je n'y suis pour personne ! » signale-t-il avant de s'éloigner vers un coin reculé du parc.

Soudain, un hurlement strident jaillit du premier étage, immédiatement suivi des aboiements de Pim.

Complètement affolés, Gaspard et son chien surgissent de la petite pièce qu'ils occupent au rez-de-chaussée.

« Que se passe-t-il ? Quel est ce bruit affreux ?

— Miss Pamela fait un caprice... soupire Jean Lorrin avec fatalisme. Tenez, la voilà... »

L'actrice, en effet, déboule comme une furie et lui fonce droit dessus.

« C'est une plaisanterie ou quoi ? Où est mon lit, ma salle de bains ? »

Le cinéaste a un sourire navré.

« Désolé, ma chérie, mais il n'y en a pas. Tu vas devoir camper, comme nous !

— CAMPER ??? »

Une grimace de fureur déforme les jolis traits de Pam.

« Camper ? Mais tu as perdu l'esprit, ma parole !

— Nous n'avons pas le choix, malheureusement. Lorsque j'ai loué le château, l'agence m'a affirmé qu'il y avait des chambres utilisables. Mais ils ont omis de préciser qu'elles n'étaient pas aménagées... Du coup, il a fallu qu'on improvise. Dylan et Biribi ne se sont pas mal débrouillés, je trouve...

— Pas mal débrouillés ? s'étrangle l'actrice. Pas mal débrouillés ? Tu te fiches de moi ? Est-ce que j'ai l'air de quelqu'un avec qui on se débrouille ? »

Une quinte de toux la saisit. Oncle Luc se précipite pour lui taper dans le dos, mais elle le repousse d'un revers de main.

« J'exige im-mé-dia-te-ment une chambre d'hôtel, tu entends, Jean ? Im-mé-dia-te-ment, ou je démissionne ! »

Consternation générale. Personne ne dit mot, dans l'équipe. P'tit Jules me lance un regard en coin, en secouant la main pour signifier « ça craint ! »

« Hélas, Pam, je me suis renseigné, tout est complet dans la région. Ce sont les vacances, et…

— Je ne veux pas le savoir. Si dans dix minutes je ne suis pas dans mon bain, je rentre illico à Paris, pigé ? »

Gaspard, qui a suivi la scène sans rien dire, se décide à intervenir.

« Si vous permettez, je peux peut-être vous aider… suggère-t-il timidement. Le patron de l'auberge de La Tour morte est un de mes amis, je vais aller lui téléphoner. Je suis sûr qu'il se fera un plaisir de vous dépanner. »

Il claudique en hâte vers le château pour en ressortir trente secondes plus tard, le sourire aux lèvres.

« Tout est arrangé, mademoiselle Brindisi. Un client s'est décommandé à la dernière minute et sa chambre est à votre disposition ! »

L'équipe pousse un soupir de soulagement.

« Ouf, tout est bien qui finit bien, murmure oncle Luc.

— Alors, Pam, satisfaite ? » s'épanouit enfin Jean Lorrin.

Mais il en faut plus pour dérider l'actrice.

« Nous verrons ça quand je serai installée, répond-elle sèchement. Quand NOUS serons installées, se reprend-elle.

— VOUS ? sursaute Jean Lorrin.

— Oui, Michèle et moi. Tu ne t'imagines quand même pas que je vais me passer de ma maquilleuse ? »

6
Une ombre au clair de lune

IL est très tard quand le tournage de nuit s'arrête. Ma cousine a les paupières bouffies de sommeil. Moi pas : je suis si excité que je n'ai aucune envie de dormir.

En me dirigeant vers ma chambre en compagnie de toute l'équipe fourbue, j'ai encore dans les yeux l'éclat des projecteurs baignant le hall d'entrée d'une lumière irréelle. Et la silhouette d'oncle Luc, s'étirant le long des murs en une ombre démesurée tandis que résonne un inquiétant éclat de rire… Du grand, du très grand Lorrin ! Ça va frissonner dans les salles, je vous le promets !

Quand on est, comme moi, amateur de films d'épouvante, c'est vraiment fantastique de se trouver de l'autre côté de l'écran ! De filer un coup de main pour la décoration, de regarder évoluer les acteurs, travailler le cameraman ; de suivre toutes les étapes des prises de vue... J'ai conscience d'être en train de vivre une expérience unique, inoubliable !

P'tit Jules, qui traîne sur les plateaux depuis qu'elle est toute petite, s'amuse beaucoup de mon émerveillement. Et répond, en vieille habituée, à toutes mes questions.

« Pourquoi on tourne les scènes dans le désordre ? Ce matin, c'était la IV et la V, et maintenant, c'est la VIII.

— Par mesure d'économie. Jean a loué le château pour une semaine, il va donc tourner en vrac les séquences qui s'y déroulent, et c'est au montage que tout sera remis en ordre. Les scènes VI et VII, par exemple, qui se passent dans la colo, seront filmées plus tard.

— À quoi ça sert de recommencer plusieurs fois la même scène ?

— En fin de tournage, Jean va visionner ce qu'on

appelle les rushes – c'est-à-dire la totalité des séquences, bonnes et moins bonnes – et choisir les meilleures. Comme ça, son film sera parfait.

— Et qu'est-ce qu'on fait des déchets ?

— On les archive, ou on les utilise dans des documentaires… ou on les jette, c'est selon. »

Bref, ce soir, j'ai appris plein de choses. Et si le tournage avait duré jusqu'au matin, je me serais volontiers passé d'aller me coucher.

Ce n'est pas le cas de mes compagnons, qui n'ont plus qu'une seule envie : dormir.

« Demain, on commence tôt ! dit Jean Lorrin en tournant la poignée de sa porte. Tout le monde sur le plateau à huit heures précises, on prendra le petit déjeuner sur place.

— Gaspawd s'est chawgé de pwéveniw le boulanger, signale Dylan. La camionnette passewa vew sept heuwes et demie, avec du pain tout chaud.

— Et moi, je vous préparerai un café dont vous me direz des nouvelles, ajoute Mamadou. J'étais barman, avant. Le roi du kawa, on m'appelait !

— Dans ce cas… sourit Jean Lorrin en étouffant un bâillement. Bonne nuit, les amis ! »

Sur un dernier signe, chacun disparaît dans sa chambre. Nous logeons tous au premier étage, le seul « habitable » dans tout le château, à ce que j'ai compris. Outre la salle de maquillage et un W.-C., il comporte dix chambres dont huit seulement sont occupées, puisque Pam et Michèle dorment à L'auberge. Ça me rassure quand même de savoir tout ce monde autour de moi…

Enfin, quand je dis que ça me rassure… Une fois seul entre mes quatre murs, mon excitation retombe d'un seul coup et, sans crier gare, je me remets à flipper. Faut dire que ce grand espace vide, avec juste un lit de camp au milieu et une ampoule nue pendant du plafond, n'a rien de très accueillant. Dans le temps, la pièce était aménagée, ça se voit aux traces sur le papier peint à guirlandes. Les formes des armoires et des cadres se dessinent en plus clair, et c'est un peu effrayant : on dirait des fantômes de meubles.

Au mot « fantôme », une bouffée de panique m'envahit. Comme tout à l'heure devant le portrait qui pleurait. Durant quelques instants, j'hésite entre tambouriner au mur de ma cousine et m'enfouir dans mon plumard, la tête sous l'oreiller.

Tambouriner au mur de ma cousine… Non mais franchement, de quoi j'aurais l'air ?

C'est au moment où j'opte pour le lit que j'entends les pas dans le couloir. Des pas étranges, comme indécis…

Tout d'abord, mon cœur s'arrête de battre. Puis je me raisonne.

Ça doit être un membre de l'équipe qui va aux toilettes. Qu'est-ce qui me prend d'être aussi nerveux ? Comme poltron, moi, alors…

Je guette le bruit de la chasse d'eau, mais il ne vient pas. « Normal, murmure une petite voix au fond de moi. Les spectres ne font pas pipi ! »

Je me calme, oui ? Le « promeneur » a peut-être tout simplement des insomnies. Se balader la nuit, c'est pas un crime, hein !

Ou alors… Les vieilles demeures sont pleines de craquements, et dans le silence nocturne, ces bruits sans importance prennent souvent d'inquiétantes proportions. Si ça se trouve, personne n'a marché, c'est juste les poutres qui travaillent… ou des souris qui grignotent… ou des termites… ou même des rats, à la rigueur. Et les rats, ce n'est pas bien terrible. La preuve : Tatouille !

Rats, souris, promeneur (ou rien du tout !), j'en aurai le cœur net ! Sur la pointe des pieds, je m'approche de la porte et j'y colle mon oreille. Qu'est-ce que je disais ? Je n'entends plus rien…

En me moquant de moi-même, je commence à me déshabiller. Lorsque mon bermuda et ma chemise tombent sur le sol, je ne peux m'empêcher d'y flanquer un coup de pied. Quand je pense que je vais devoir les porter pendant tout le tournage… Jean Lorrin est super, mais faut bien avouer qu'il n'a pas très bon goût ! C'est avec un certain soulagement – et même un soulagement certain ! – que je renfile mon tee-shirt *Akira*. Si je n'ai pas le droit de le porter en journée, je peux au moins dormir avec !

Je me glisse dans mon sac de couchage lorsque…

Nom de nom, les pas reprennent. Cette fois, plus d'hésitation ! Je saute sur mes pieds et j'entrouvre doucement la porte. À peine une fente, de quoi jeter un rapide coup d'œil dans le couloir…

Vide ! Pourtant, je n'ai pas rêvé…

Je me penche pour scruter l'obscurité. Le clair de lune qui pénètre par les grandes fenêtres situées de part et d'autre de l'escalier éclaire le palier d'une lueur blafarde. Et dans cette lueur…

Je manque d'avaler ma langue.

… Dans cette lueur glisse une silhouette furtive dont la robe traîne jusqu'à terre. Elle est mince, légère. De longs cheveux clairs couvrent ses épaules…

D'un bond, je rentre chez moi et je claque la porte. Mon cœur bat si fort dans ma poitrine qu'il m'assourdit. On dirait les tambours du Bronx.

Il me faut un bon moment avant de reprendre mes esprits. J'ai beau essayer de réfléchir calmement, la silhouette entrevue me court-circuite les neurones. Qui était-elle ? Pas quelqu'un de l'équipe, en tout cas ! La seule à avoir des cheveux pareils, c'est Pam. Et Pam est à l'auberge…

Alors, qui ? La réponse s'impose d'elle-même : le fantôme de la comtesse.

N'importe quoi ! Je m'efforce de respirer lentement pour dominer l'angoisse qui monte en moi. Un peu de jugeote, merde, les fantômes n'existent pas ! Je ne vais tout de même pas tomber dans le panneau : ces histoires de châteaux hantés ne sont que des délires de villageois superstitieux !

Oui mais… et le portrait, alors ? Il pleurait VRAIMENT, le portait. Je l'ai vu de mes yeux, et P'tit Jules aussi !

Au fait, quelque chose ne colle pas. Sur ce portrait, je m'en rappelle parfaitement, les cheveux de la comtesse étaient noirs. Or, la silhouette avait les cheveux blonds….

Donc, ce n'est pas le fantôme. C.Q.F.D.

Ouf.

Mais qui, alors ? Qui ?

Est-ce que par hasard Pamela serait restée ici sans que je le sache ? Ce n'est pas impossible… Peut-être que la chambre de l'auberge ne lui convenait pas, ou que le client qui s'était désisté est revenu, ou qu'elle n'a pas eu le courage de repartir là-bas, après le tournage… Elle a quitté le plateau avant tout le monde parce qu'elle ne jouait pas dans la dernière scène, mais je n'ai pas entendu sa voiture démarrer. Après tout, elle peut très bien avoir changé d'avis et s'être quand même contentée de son lit de camp. À ce qu'il semble, elle n'en est pas à un caprice près.

Évidemment, ça expliquerait tout !

Je commence peu à peu à me rassurer, quand

soudain… C'est comme si je recevais un coup de poing dans l'estomac, car un souvenir vient brusquement de me revenir en mémoire. Une petite phrase prononcée par le patron de l'auberge, au cours de son récit. « *Le lendemain matin, la chevelure de la comtesse était devenue toute blanche.* »

Nom d'un chien, ce n'est pas une blonde que j'ai aperçue dans le couloir, MAIS UNE FEMME AUX CHEVEUX BLANCS !

7
Trahi !

« BIEN dormi ? » s'informe p'tit Jules en sortant de sa chambre vêtue d'un maxisweat qui lui arrive aux genoux, et sur lequel est écrit : *I love mister Spock.*

Je hoche négativement la tête.

« J'ai pas fermé l'œil de la nuit, à cause du... »

Je baisse la voix, histoire de ne pas paraître trop ridicule.

« ... Du fantôme de la comtesse...

— Hein ?

— Ben ouais... elle rôdait autour de ma chambre... »

P'tit Jules lève les bras au ciel, ce qui a pour effet de déséquilibrer Tatouille. Suspendu par les pattes avant à un repli de sa manche, ses pattes arrière pédalant dans le vide, le pauvre animal n'en mène pas large.

Malgré ma répulsion, je le récupère dans le creux de ma paume et je lui fais un câlin. Une manière comme une autre de prouver à ma cousine que je ne suis pas un couard. Ce dont elle ne semble pas convaincue…

« Écoute, Loïc, dit-elle, j'ai bien réfléchi. On s'est monté la tête, tous les deux. Il n'y a pas plus de fantôme au château de Malfranche que de poil dans la main d'un feignant. C'est une légende, rien d'autre…

— Arrête, ma vieille, les larmes du tableau, tu les a vues comme moi !

— Je n'ai pas vu des larmes, j'ai vu de l'eau, nuance ! De l'eau accumulée sur une cheminée. Il devait y avoir une fuite dans le plafond, et ça a suffi pour que notre imagination parte au galop… »

Ça, c'est trop fort ! Voilà qu'elle se dégonfle, cette péronnelle !

Je me plante en face d'elle, les poings sur les hanches :

« Et d'un, de l'eau, il n'y en avait pas que sur la cheminée, y en avait sur le portrait aussi. Les joues de la comtesse étaient toutes mouillées, même qu'elles brillaient dans le noir. Et de deux, cette nuit, je te jure qu'une femme rôdait dans le couloir. Une femme en robe longue, avec des cheveux blancs… Une femme à cheveux blancs, ça ne te dit rien, ça, p't-être ?

— Tu as dû rêver ! »

Rêver ? Mais elle me provoque, ma parole ! Hors de moi, je crache : « T'es vraiment nulle, ma pauvre fille ! » avant de tourner les talons et de m'éloigner à grands pas.

Elle me prend aussitôt en chasse.

« Eh, Loïc, où tu vas ? Attends-moi ! »

Ça, elle peut y compter ! Sale traîtresse, je ne lui adresserai plus la parole de ma vie… euh, enfin, de la journée !

Pendant tout le petit déjeuner, je rumine. Ce fantôme, je l'ai vu et bien vu, mais comment le prouver à ma cousine ?

Au fait… peut-être qu'il y a d'autres témoins ? Je

ne suis sûrement pas le seul à avoir l'oreille fine ! À pleine voix, je claironne :

« Personne n'a entendu marcher dans le couloir, cette nuit ? »

Toutes les têtes se tournent vers moi, sauf celle de Mamadou qui écoute son walkman en claquant dans ses doigts.

« Mawcher dans le couloiw ? répète Dylan. Comment ça ? »

Je prends mon air le plus innocent.

« Ben… Des pas m'ont réveillé… »

Je scrute chaque visage dans l'espoir d'y surprendre une complicité, et je m'arrête sur celui d'Anne. La script est rouge comme une tomate.

Le cœur battant, je demande :

« Toi aussi, tu as entendu quelque chose ?

— Euh… non… non… rien du tout… », balbutie-t-elle.

Ça alors, on jurerait qu'elle n'a pas la conscience tranquille !

Le coup de colère de la mère Michèle quand elle arrive, un peu plus tard !

« Qui a touché à mon matériel ? » hurle-t-elle.

Jean Lorrin, alerté par ses cris, se précipite dans la salle de maquillage.

« Quelque chose a disparu ?

— Tu parles ! On a profité de mon absence pour tout mettre sens dessus dessous, et il me manque… »

Mentalement, elle tente de comptabiliser les pertes, puis y renonce.

« … Plein de choses : de la poudre, du blush, du mascara… que sais-je encore ? Faudrait que je fasse un inventaire…

— Tu as ce qu'il te faut pour maquiller Pam, quand même ? Et les gosses ?

— Oui, heureusement, j'avais prévu large… »

Rassuré, Jean redescend, nous abandonnant, ma cousine et moi, à ses mains expertes.

Pendant tout le temps que dure la séance, P'tit Jules ne dit pas un mot. Mais quand nous redescendons sur le plateau :

« Reparle-moi un peu de ton histoire de pas », me glisse-t-elle en aparté.

Je la toise de haut :

« Tiens donc, ça t'intéresse, maintenant ?

— Ouaip… Y a eu un vol, cette nuit, et m'est avis que ta rôdeuse n'y est pas étrangère. »

Je me fige, stupéfait.

« Tu penses que c'est le fantôme qui… ?

— Pas un fantôme, Loïc, juste quelqu'un de pas très honnête…

— Mais pourquoi ?

— Ça, c'est ce que j'aimerais bien savoir ! »

Comme nous parvenons au rez-de-chaussée, elle baisse la voix et prend un air soupçonneux.

« Tu as remarqué la bizarre attitude d'Anne, tout à l'heure, au petit déjeuner ? »

8

« Randez-moi mon enfant ! »

DURANT toute la journée, je n'ai pas trop la tête à ce que je fais. Résultat : des bourdes, des bourdes et encore des bourdes. Ce qui me vaut, bien entendu, des réflexions acerbes de Pam (« Un peu d'attention, merde ! On a déjà recommencé la scène trois fois à cause de toi ! Ah, ces amateurs… »), un regard furibond de ma cousine, et même une engueulade de Jean Lorrin. Bref, c'est pas la joie…

Pourtant, le soleil est de la partie – ce qui a tendance à mettre tout le monde de bonne humeur –, et les scènes I, II et III, prévues aujourd'hui, sont assez amusantes à tourner. Ce sont celles qui débutent le film. Une forêt, trois personnes qui courent sans échanger un mot : Pamela, P'tit Jules et moi. On se tord les pieds dans les hautes herbes, les branches nous griffent au passage, mais on ne ralentit pas notre course. Soudain, P'tit Jules montre l'horizon : « Là, un château ! » Moi, je réponds : « Nous sommes sauvés ! », puis je pique un sprint à travers le parc, et la caméra me suit.

C'est là que je me plante à chaque coup : je m'arrête trop tôt, ou je trébuche, ou je ne suis pas assez naturel… L'horreur, quoi !

« Va te reposer, finit par me dire Jean Lorrin. Tu as passé une mauvaise nuit, ça se voit à l'œil nu. Quand tu auras dormi, nous reprendrons la scène. »

Tandis que je m'éloigne à regret, il se tourne vers Biribi :

« On embraye sur la VII, gros plan sur Pam complètement désespérée. Tu tires des larmes aux spectateurs, hein, Pam ! »

À pas lents, je regagne le château. C'est vrai que je tombe de sommeil, mais n'empêche, me faire rembarrer de cette manière, ça me déprime. J'ai l'impression d'être puni. Comme quand madame

Leroy, la prof de chimie, m'a exclu du cours parce que je bavardais et que j'ai dû passer deux heures dans le couloir…

La tête basse, je monte à l'étage. En plein jour, il est bien moins sinistre que la nuit (ou alors, c'est que je commence à m'habituer !). Le soleil déferle par les fenêtres grandes ouvertes, inondant le palier. Et même si le parquet grince – ce qui est bien normal, vu son âge ! – j'ai du mal à imaginer un spectre s'y trimbalant…

Pareil pour ma chambre. Malgré son papier peint « à fantômes », c'est juste une pièce un peu défraîchie dans une très vieille maison, point.

Non, le château n'est pas hanté. P'tit Jules a raison, le mystère est ailleurs. Dans le vol de maquillage, par exemple. Dans la bizarre réaction d'Anne. C'est peut-être elle que j'ai vu cette nuit, finalement. Elle… avec une perruque ! Des cheveux blonds ou blancs, dans l'obscurité, impossible de faire la différence…

Mais pourquoi s'était-elle déguisée ? Pour piquer des trucs sans qu'on la reconnaisse ?

Ça encore, ça peut s'expliquer, à la limite. Mais le tableau, hein ? Le tableau qui pleure…

Et si P'tit Jules avait ENCORE raison ? Si les larmes de la comtesse, c'était juste une fuite d'eau ?

Le mieux, finalement, c'est d'aller vérifier par moi-même.

Retourner tout seul dans le salon aux miroirs ? Brrrr…

Oh, et puis zut, qu'est-ce que c'est que ces terreurs de môme ? Si mes copains me voyaient, ils se ficheraient bien de moi !

Allez, hop ! je prends mon courage à deux mains et je redescends ventre à terre.

L'endroit est toujours aussi angoissant, et je dois faire un violent effort pour y pénétrer. Mon ombre, méconnaissable, m'accompagne de glace en glace, et c'est particulièrement impressionnant, cet être flou qui marche à mes côtés…

Ne pas me laisser gagner par la panique… Surtout pas… Sans regarder ni à droite ni à gauche, je traverse la salle au pas de course. Et, arrivé au pied du tableau…

Un éclair de peur me déchire le ventre. Quelque chose est marqué en très grand sur le mur. « Randez-moi mon enfant ! ». Et cette phrase est écrite avec… AVEC DU SANG !

RANDEZ
MOI MON
ENFANT!

Un quart de seconde plus tard, je déboule sur le perron en hurlant : « P'tit Juuules ! P'tit Juuules ! » Et, dans mon affolement, je me heurte à la mère Michèle qui vient en sens inverse.

« Qu'est-ce qui te prend de crier comme un goret qu'on égorge ? s'effare-t-elle en m'arrêtant. Veux-tu bien te taire, ils sont en train de tourner ! »

Puis elle se rend compte que je tremble comme une feuille.

« Loïc, que se passe-t-il ?

— Je viens de v... voir quelque chose d'horrible... »

Du doigt, j'indique la porte du salon, que je n'ai pas eu le temps de refermer.

« Là... »

Sans hésiter, elle s'y dirige et, de loin, je l'entends pousser un juron. Puis elle ressort, visiblement furieuse.

« C'est toi qui a fait ça ? Je te préviens, je n'apprécie pas du tout ! »

Si je m'attendais à cette réaction ! Je secoue la tête avec énergie.

« Moi ? ! ? Oh non, c'est trop affreux ! Tout ce sang... »

Elle sursaute :

« Du sang ? Qu'est-ce que tu racontes ?

— Ben, les mots, là, sur le mur... Ils sont bien écrits avec du sang, non ?

— Mais pas du tout, ils sont écrits avec du rouge à lèvres. MON rouge à lèvres, celui qu'on m'a piqué cette nuit ! Je le reconnais parfaitement, il sent la framboise ! »

Elle m'attrape le menton pour m'obliger à la regarder en face.

« Dis-moi la vérité, Loïc, quel est l'auteur de cette plaisanterie stupide ?

— Mais j'en sais rien, moi ! Je... J'ai cru que... »

Mon émotion est telle que mes yeux se remplissent de larmes.

« Tu as l'air sincère, admet-elle en me lâchant. Mais... je n'en dirais pas autant de ta cousine. C'est une sournoise, cette petite ! Je parie qu'elle est dans le coup : ce genre d'amusement lui ressemblerait assez ! »

Tandis que la mère Michèle s'éloigne, je demeure perplexe. D'après elle, ma cousine serait l'auteur de toute cette mise en scène ?

N'importe quoi !

Et pourtant… En y repensant, la silhouette de cette nuit, ça pourrait être elle avec une perruque… Une perruque ? Et où l'aurait-elle trouvée ?

Quelle question ! Dans la salle de maquillage, tiens, comme le rouge à lèvres !

Mais dans quel but ?

Me fiche la trouille, évidemment !

Non, là, j'exagère : personne n'est capable de commettre un vol juste pour faire peur à quelqu'un d'autre !

Personne… sauf peut-être P'tit Jules qui, justement, ne ressemble à personne…

Assailli de soupçons, je retourne, d'un pas assuré cette fois, devant le portrait de la comtesse. Et c'est d'un œil critique que je déchiffre la tragique petite phrase. « Randez-moi mon enfant ! » Tiens, je n'avais pas remarqué : le « fantôme » a mis un A au verbe rendre. Est-ce que…

Est-ce que, par hasard, P'tit Jules aurait des problèmes d'orthographe ?

9
Des sanglots dans la tour

UNE heure plus tard, l'équipe au grand complet est au courant de l'événement et défile devant la fameuse inscription. Dans l'ensemble, ça fait marrer tout le monde… sauf trois personnes : la mère Michèle qui ne décolère pas, Pam, qui répète sur tous les tons que ce gag débile va nous porter la poisse, et Gaspard.

Gaspard surtout, qui grelotte du bout des orteils à la racine des cheveux.

« C'est le fantôme ! » commence-t-il par affirmer.

Dylan et Biribi lui rient au nez.

« Dwôle de fantôme qui laisse des messages avec du wouge à lèvwes !

— C'est un procédé qui manque un peu de surnaturel, vous ne trouvez pas ? De la fumée, du sang, de la cendre, d'accord, mais du rouge à lèvres qui sent la framboise... À mon avis, votre fantôme est un petit plaisantin aussi vivant que vous et moi ! »

En toute honnêteté, le gardien est bien forcé de l'admettre. Mais ça ne le tranquillise pas pour autant, bien au contraire. Ça renforce même son inquiétude !

« Savez-vous ce qui arrive quand on provoque les spectres ? » articule-t-il d'une voix tremblante.

Non, Dylan et Biribi ne savent pas : ils ont très peu de spectres dans leurs relations.

« Ils se vengent, messieurs ! Et alors là... alors là... »

Le pauvre homme semble si effrayé qu'Anne, prise de pitié, l'attrape par les épaules.

« Mamadou a du rhum dans sa chambre, lui glisse-t-elle tout bas, voulez-vous qu'il vous prépare un petit punch ? Ça vous remontera. »

Gaspard repousse l'offre avec effroi. Il ne veut plus rien avoir à faire avec des gens qui narguent l'Au-delà !

« Il va nous arriver malheur ! Il va nous arriver malheur ! » baragouine-t-il en s'éloignant vers sa cambuse, de toute la vitesse de ses jambes tordues.

C'est très exactement à cet instant qu'un coup de tonnerre éclate et qu'un grand éclair strie le ciel.

Un frisson glacé me parcourt l'échine, d'autant qu'un long « hooouuu ! » accompagne le début de l'orage. C'est Pam qui hurle à la mort.

« Et voilà, le malheur commence, soupire Jean Lorrin. Quel été pourri ! C'est râpé pour les scènes d'extérieur, on va être obligés de modifier notre programme. Dylan et Biribi, combien de temps vous faut-il pour aménager la crypte ?

— How, plusieuws heuwes ! Elle ne sewa pas pwête avant demain !

— D'autant qu'il y a des effets spéciaux à prévoir ! »

Jean Lorrin approuve d'un hochement de tête.

« Bon… Alors, mettez-vous tout de suite au travail. Moi, je m'occupe de tourner quelques scènes raccord en intérieur, avec Pam et les enfants. Je n'aurai pas besoin de vous, Anne et Mamadou suffiront. Et ce soir, tout le monde au lit à dix heures : la prochaine journée promet d'être dure ! »

Pendant qu'il parlait, P'tit Jules s'est approchée de moi. Rendu méfiant par les allusions de la mère Michèle, je lui lance un regard soupçonneux qu'elle ne semble pas remarquer.

« Vivement demain ! me chuchote-t-elle.

— Pourquoi ?

— Papa m'a montré le scénario, la scène de la crypte est la plus terrifiante du film. Un truc à vous hérisser les cheveux sur la tête ! J'adooore ! »

Je hausse les épaules, un peu agacé. Elle commence sérieusement à me taper sur les nerfs, avec ses « j'adooore ! »

« Tu ne trouves pas que, question peur, on a déjà eu notre compte ? »

Elle se met à rire.

« Tu veux parler de cette histoire de vol et de graffiti ? Bah ! C'est peut-être un peu mystérieux, d'accord, mais pas effrayant…

— Tu ne disais pas ça, hier, quand le tableau s'est mis à pleurer ! Qu'est-ce qui t'a fait changer d'opinion à ce point-là ? C'est pas normal… »

Je la fixe droit dans les yeux :

« Tu ne serais pas en train de me cacher des choses, par hasard ?

— Qu'est-ce que tu imagines ? Que je fréquente des revenants ? Que je complote avec la comtesse pour te faire mourir de frousse ? Que je me relève la nuit pour hanter les couloirs, drapée dans un suaire ?

— Euh… non, non, bien sûr… mais quand même, je ne te trouve pas très… logique…

— Ah, parce que de croire aux fantômes, c'est logique, peut-être ? »

Que répondre à ça ?

Comme prévu, à dix heures, tout le monde va se coucher. La pluie n'a pas cessé de tomber et d'énormes nuages noirs encombrent le ciel. Comme la fenêtre de ma chambre est dépourvue de rideaux, j'ai une vraie vision de cauchemar devant les yeux : la tour dressée dans la tourmente avec, de temps à autre, un bref rayon de lune l'éclairant par derrière… Brrrr, ça devait être par une nuit comme celle-ci que la comtesse s'est jetée dans le vide…

Par chance (?), je suis si fatigué que même cette image, pourtant abominable, ne suffit pas à m'empêcher de dormir. À peine au lit, je sombre dans un profond sommeil… pour me réveiller deux heures plus tard, transi de froid. On a beau être au mois de juillet, l'orage a rafraîchi l'atmosphère et mon tee-shirt *Akira* est beaucoup trop léger. Heureusement que j'ai un pull dans mes bagages.

Je me lève pour le prendre et, machinalement, je jette un coup d'œil par la fenêtre. La tempête a repris, inondant le paysage, agitant les branches des arbres, mugissant entre les pierres disjointes. Les grondements du tonnerre ébranlent le bâtiment, des éclairs aveuglants déchirent la nuit. Et soudain…

Un hoquet de surprise m'échappe, et je colle mon nez à la vitre que fouettent des trombes d'eau. Peut-être était-ce une illusion due à la pluie ?

Non, je ne me suis pas trompé. Une petite lumière brille à la plus haute fenêtre de la tour. Une lueur légère, tremblante comme la flamme d'une bougie. Et devant laquelle passe et repasse une ombre…

Le cœur battant à tout rompre, je la fixe, cette ombre ! À m'en péter les orbites ! Que fait-elle, à présent ? Elle se penche au-dehors. La bourrasque

s'engouffre dans ses longs cheveux, sur lesquels la lune jette des reflets d'argent…

Et malgré le bruit de l'orage, j'entends une voix s'élever dans la nuit. Une voix plaintive, déchirante, qui supplie : « Mon enfant ! Rendez-moi mon enfant ! »

C'en est trop. Sans même réfléchir, je bondis chez ma cousine, l'extirpe de son lit et la plante devant la fenêtre. Là-haut, couronnée par le rayon de lune, la forme aux cheveux blancs implore toujours : « Rendez-moi mon enfant ! »

« Regarde, P'tit Jules ! La c… comtesse ! Le fantôme de la comtesse ! »

Ahurie, ma cousine se frotte les yeux et met quelques secondes avant de réaliser.

« Mais… mais… mais… » bêle-t-elle enfin.

C'est tout ce qu'elle a trouvé à dire, et pour une fois, je suis de son avis.

10
La chambre du fantôme

DÉCIDÉMENT, je ne comprendrai jamais rien aux filles ! Au lieu d'appeler au secours, ou de se mettre à pleurer, ou de se jeter dans mes bras pour que je la protège, ma cousine m'attrape par la main en disant :

« Viens, on y va ! »

J'ai un mouvement de recul :

« Où… où veux-tu qu'on aille ?

— Vérifier ça de tout près. »

Ma parole, elle est devenue complètement folle !

« Tu veux aller… Dans la tour ? »

Ce n'est pas une question, c'est un cri horrifié. Et malheureusement, je connais déjà la réponse.

« Oui, j'en ai marre de ces soi-disant apparitions... Je veux comprendre, tu entends, Loïc ? COMPRENDRE !

— Mais y a rien à comprendre, espèce de gourde ! Le château est hanté, tout le monde se tue à nous le dire : l'aubergiste, le gardien... Et là, tu en as la preuve, qu'est-ce qu'il te faut de plus ? »

Autant chanter des gammes à un pot de chambre : P'tit Jules est déjà dans le couloir.

« J'ai pas envie de discuter, me lance-t-elle en s'éloignant. Ou tu me suis ou tu te dégonfles, au choix, mais en tout cas, moi j'y vais !

— T'es vraiment têtue comme une mule ! Préviens au moins ton père, qu'il t'accompagne !

— Pas question : quand on le réveille en sursaut, il mord ! »

Je pense : « Normal, pour un vampire ! », mais je garde cette réflexion pour moi : ce n'est vraiment pas le moment de faire de l'humour.

« Alors... prends ta lampe torche : il n'y a peut-être pas d'électricité dans la tour.

— Bonne idée ! »

C'est en revenant sur ses pas que ma cousine remarque une porte entrouverte. La troisième sur la gauche. Oh, à peine, juste une petite fente, mais qui donne envie de regarder à l'intérieur. P'tit Jules ne s'en prive pas.

Choqué par tant d'indiscrétion, je la rejoins.

« Mais… Qu'est-ce que tu fais ? C'est la chambre d'Anne !

— Justement ! »

Elle tend le doigt vers le lit. Au même moment, un nuage zèbre le ciel, éclairant la pièce d'une violente lueur.

Le lit est vide.

« Je m'en doutais ! triomphe ma cousine. Ta comtesse, mon vieux, ce n'est pas un fantôme, c'est Anne, tout simplement ! Anne qui nous joue un numéro…

— Mais enfin, pourquoi ferait-elle ça ?

— On va aller le lui demander ! »

Cette fois, je ne peux plus refuser de la suivre. Comme deux voleurs, précédés par le faisceau de la lampe torche, nous descendons au rez-de-chaussée pour emprunter l'escalier de la tour. L'escalier interdit.

Là, j'ai de nouveau une hésitation.

« Euh... Tu es sûre de vouloir monter par là, P'tit Jules ? Regarde le panneau : « Dangé d'éboulemants »...

— Si on devait croire tout ce que prétendent les panneaux ! Au fait... tu as remarqué ?

— Quoi ?

— Ce panneau et la phrase marquée au rouge à lèvres dans le salon... On dirait que c'est la même écriture ! »

Nom de... mais oui, absolument ! La même écriture... et la même orthographe !

« Tu penses que c'est Gaspard qui... ?

— Possible... Raison de plus pour ne pas lui faire confiance ! »

Elle éclaire les marches puis, précautionneusement, met le pied sur la première, sur la seconde, sur la troisième.

« Pas de problème, c'est solide ! » affirme-t-elle.

À la queue leu leu, nous nous engageons dans l'étroit boyau en colimaçon.

La tour semble beaucoup plus ancienne que le reste du château. C'est une sorte de donjon moyenâgeux, construit en grosses pierres apparentes qui sentent l'humidité et le salpêtre. Une mousse verdâtre couvre les murs que percent d'étroites meurtrières. Nous arrivons sur un premier palier.

« C'est complètement en ruine ! » souffle P'tit Jules en éclairant les éboulis qui encombrent le sol.

Je frissonne. Ce lieu à l'abandon me terrifie. Il a VRAIMENT l'allure d'un repaire de fantômes...

C'est avec un léger bégaiement que je remarque :

« P... personne n'est venu ici depuis des siècles...

— Sauf Anne ! rétorque ma cousine.

— Ou... la comtesse !

— Ah, tu ne vas pas recommencer ! »

Deuxième palier, encore plus délabré que le premier. Je commence à être essoufflé, mais P'tit Jules grimpe toujours aussi vite. Ma parole, elle a des ressorts dans les mollets !

Je ralentis, elle me houspille :

« Grouille, tu traînes comme une limace ! Je te préviens, je ne t'attends pas !

— Mais j'ai un point de côté !

— Alors, tant pis pour toi : tu resteras dans le noir ! »

Troisième palier.

« Allez, du nerf, on y est presque ! »

Hors d'haleine, les cuisses tenaillées par les crampes, on se retrouve nez à nez avec une porte fermée. Entre les interstices du bois clignote une faible lueur. Sans hésiter, P'tit Jules tourne la poignée… et reste médusée sur le seuil.

Il n'y a personne dans la pièce, mais ce n'est pas ça le plus étonnant. Le plus étonnant, c'est que cette pièce semble surgie, intacte, du passé.

« La chambre du fantôme… » murmure ma cousine.

Puis elle se ressaisit.

« Enfin… le décor d'une chambre de fantôme ! »

Je n'ai pas son sang-froid, il s'en faut même de beaucoup ! L'ambiance qui règne ici me tétanise de peur. Elle est réellement surnaturelle !

D'abord, ce n'est pas un décor : on sent tout de suite que c'est habité. Il y a des détails qui ne trompent pas : ce lit à baldaquin aux draps froissés, ce petit berceau, tout à côté… Cette commode dont le tiroir laisse dépasser une chemise de dentelle… Ces tapis, ces tableaux… Ce candélabre aux bougies à demi consumées… Cette fenêtre grande ouverte sur l'orage, dont le vent gonfle les rideaux... Quelqu'un vit ici, j'en donnerais ma main à couper ! Enfin, si on peut parler de vivre quand il s'agit de quelqu'un qui est mort depuis des siècles...

« Arrête ton char, grogne ma cousine, c'est Anne qui a installé cet endroit. Tu oublies qu'elle travaille dans le cinéma ?

— Peut-être, mais je te rappelle qu'elle est script, pas décoratrice !

— Tu ne sais pas encore qu'avec Jean, tout le monde touche à tout ? Les acteurs filent des coups de main aux techniciens, et vice versa... Dans ces conditions, on apprend vite ! »

Je ne suis pas convaincu, mais alors là, pas convaincu du tout !

« Si c'est vraiment Anne, où elle est passée ?

— Elle aura fichu le camp en nous entendant venir.

— Impossible : on l'aurait croisée dans les escaliers ! »

Ça, ça lui coupe le sifflet, à P'tit Jules.

« Euh... Y a peut-être une deuxième sortie... » suggère-t-elle en se grattant la tête.

S'il y a bien quelque chose que je déteste, c'est la mauvaise foi. Je toise ma cousine d'un air sarcastique.

« Ah ouais ? T'en vois une, toi, à part la fenêtre ? »

Une montée d'adrénaline me coupe la parole, et je me sens pâlir. La fenêtre, nom d'un chien !

Saisi d'une brusque intuition, je me rue dessus, me penche… et pousse un hurlement.

« La comtesse ! »

Là, tout en bas, il y a un corps étendu. On le distingue à peine dans l'obscurité, mais suffisamment pour reconnaître que c'est un corps.

P'tit Jules me rejoint d'un bond.

« La comtesse ! » beugle-t-elle en écho.

Le fracas du tonnerre couvre son cri, suivi d'un éclair aveuglant. Durant une fraction de seconde, les mèches blanches du cadavre scintillent sous la pluie.

Cette fois, c'est la débandade. En moins de temps qu'il ne faut pour l'écrire, nous dévalons les quatre étages si péniblement escaladés tout à l'heure, pour nous retrouver, haletants, au pied de la tour. Mais quand nous parvenons sur le lieu du

drame, il n'y a plus personne. Le corps de la comtesse a disparu.

« Mais… mais… mais… bêle à nouveau ma cousine. Elle ne s'est quand même pas… évaporée ? »

J'avale ma salive avec difficulté.

« Sauf si c'est réellement… un fantôme !

— Mais C'EST RÉELLEMENT UN FANTÔME ! » grince une voix nasillarde derrière nous.

On se retourne d'un bond, parcourus par une décharge de cent mille volts. Dans l'ombre, Gaspard et Pam nous regardent fixement.

11
Retour à la réalité

SOUDAIN, une des fenêtres du premier étage s'ouvre bruyamment et la face d'oncle Luc apparaît, furibonde.

« Vous trouvez que c'est le moment de bavarder ? Si vous n'avez pas sommeil, laissez au moins dormir les autres ! »

Puis il reconnaît sa fille et change d'expression.

« P'tit Jules ? Mais… que fais-tu là au milieu de la nuit ?

— P'pa… viens, s'il te plaît ! implore ma cousine. Il se passe des choses… des choses… »

Elle a perdu toute sa belle assurance, et je ne peux me retenir d'avoir pitié d'elle. Comme ça, sous la pluie, avec son grand sweat dégoulinant et sa pauvre petite figure toute pâle, elle est bien plus attendrissante que lorsqu'elle joue les filles affranchies !

Du coup, je me rapproche d'elle et je lui passe un bras autour de la taille. Elle se laisse aller contre mon épaule et je la sens trembler. Alors, je lui chuchote cette phrase incroyable :

« N'aie pas peur, je suis là ! »

Et elle a cette réponse encore plus incroyable :

« Merci, Loïc, t'es vraiment le garçon le plus chouette que je connaisse ! »

Oncle Luc, qui n'a pas perdu de temps, arrive, emballé dans sa grande cape noire. Il a plus que jamais l'allure d'un vampire, et, franchement, je trouve qu'il va bien dans le paysage.

P'tit Jules se blottit aussitôt dans ses bras.

« P'pa, on a vu le fantôme de la comtesse, explique-t-elle, volubile. Au début, on croyait que c'était Anne, mais elle s'est jetée par la fenêtre de sa chambre, et… »

Oncle Luc sursaute.

« Anne s'est jetée par la fenêtre de sa chambre ?

— Mais non, t'as rien compris, je...

— C'est la pleine lune ! coupe sombrement Gaspard. Ces deux enfants viennent d'être témoins de phénomènes paranormaux qui les ont fortement impressionnés.

— Des phénomènes paranormaux ? s'effare oncle Luc. Lesquels ? »

En chœur, nous beuglons, ma cousine et moi :

« Le suicide de la comtesse !

— Qu'est-ce que c'est encore que ces sottises ? P'tit Jules, je te croyais moins naïve que ça ! L'épisode grand-guignolesque du rouge à lèvres ne t'a pas suffi ?

— Votre incrédulité vous perdra, monsieur Legendre ! grince Gaspard. Non seulement vous vous moquez des morts avec vos simulacres et vos déguisements, mais vous vous obstinez à nier l'évidence. LE CHÂTEAU DE MALFRANCHE EST HANTÉ, mettez-vous ça dans la tête une bonne fois pour toutes ! Sur ce, je retourne me coucher, bonsoir ! »

Et il s'éloigne, son molosse sur les talons.

« Nous ferions bien de l'imiter, bâille oncle Luc.

Surtout moi : j'ai intérêt à être en forme pour la grande scène de la crypte ! »

Il nous attrape par les épaules :

« Allons, au lit, les mômes ! Et oubliez ces contes à dormir debout !

— Mais p'pa, on a VU la comtesse se jeter dans le vide ! » proteste P'tit Jules.

Oncle Luc fronce les sourcils.

« Tu en es sûre ? Tu l'as réellement vue sauter ?

— Enfin… non, mais c'est pareil : son cadavre était couché là !

— Et il a disparu, comme ça, pfuit ? »

Double hochement de tête, de ma cousine et moi.

« Ben tiens… ironise oncle Luc. Du cinéma, tout ça ! Croyez-moi, ce n'est pas à un vieux vampire qu'on apprend à faire des grimaces ! »

D'une poigne énergique, il nous ramène devant nos chambres.

« Demain, nous tirerons cette affaire au clair, je vous le promets ! Mais en attendant, une bonne nuit de repos vous fera le plus grand bien ! »

Une bonne nuit de repos ? Une nuit de cauchemars, oui ! À croire que hanter le château ne suffit pas à la comtesse, il faut aussi qu'elle hante mon sommeil ! C'est complètement courbatu et avec une migraine effroyable que j'émerge, le lendemain matin. Ma cousine ne vaut guère mieux. Bonjour les valoches !

« Heureusement que vous ne tournez pas, aujourd'hui, les enfants ! remarque Jean Lorrin au petit déjeuner. Parce que je n'ai pas prévu de rôles de morts-vivants…

— Qu'est-ce qui vous arrive, vous êtes malades ? » s'inquiète Anne.

P'tit Jules explique, en quelques mots, nos mésaventures de la veille. Comme prévu, personne ne nous croit.

« Quelle imagination ! s'exclame Biribi.

— Vous devwicz écwiwe des scénawios », assure Dylan.

Du coup, la moutarde me monte au nez, et je crache :

« Arrêtez de nous traiter comme des débiles, bande de bouffons ! D'abord, on a une preuve !

— Laquelle ?

— La chambre de la comtesse. Quand vous l'aurez vue, vous ferez moins les malins !

— Une chambre ? s'étonne oncle Luc. Vous ne m'en avez pas parlé, hier !

— Ah ! parce que tu étais dans le coup, toi ? tressaille Anne.

— Bien sûr, j'ai été les récupérer au milieu de la nuit, aux prises avec Gaspard… »

Aux prises avec Gaspard… L'assistance redouble subitement d'attention.

« Que s'est-il passé exactement, Luc ? s'enquiert Jean Lorrin.

— J'avoue que je n'en sais trop rien : ils étaient tous trois dehors, sous l'orage, dans un état d'exaltation inexplicable. Le gardien gesticulait, parlait de spectres, de pleine lune, de malédiction… Le baratin habituel, quoi ! »

P'tit Jules se dresse sur sa chaise comme un pantin sortant de sa boîte :

« CE N'ÉTAIT PAS DU BARATIN, C'ÉTAIT LA VÉRITÉ, MERDE !!!

— Euh… Faudwait peut-êtwe intewwoger Gaspawd ? suggère Dylan.

— J'ai essayé, dit oncle Luc, mais il n'en démord

pas, lui non plus, de ses histoires de spectres et de revenants.

— Je serais très étonné qu'on tire quelque chose de sensé de ce type, soupire Biribi. Depuis le début, il me semble suspect... »

Jean Lorrin sourit avec indulgence :

« Bah, il est un peu dérangé, c'est tout... À force de vivre tout seul dans ce vieux château de légende, il a fini par péter les plombs !

— Qu'il pète les plombs si ça lui chante, c'est son affaire, grogne oncle Luc, mais ce n'est pas la peine de contaminer ma famille ! »

Il jette un regard narquois à sa « famille » – c'est-à-dire P'tit Jules et moi – et ajoute, avec une pointe d'humour particulièrement agaçante :

« Bon, d'accord, ma fille a déjà un grain, ça ne changera pas grand-chose pour elle. Par contre, je tiens à ramener mon neveu sain de corps et d'esprit à ses parents ! »

Je sens P'tit Jules se ramasser comme une panthère prête à bondir – Houlà, ça va saigner ! – quand Mamadou, qui a retiré ses écouteurs pour suivre la discussion, éclate de son grand rire communicatif.

« Je viens d'avoir une idée complètement dingue, mais qui expliquerait tout, intervient-il. Si l'agence avait loué le château en même temps, et à leur insu, à deux équipes de tournage ? Imaginez le gag : nous, on est là avec notre vampire, eux avec leur spectre. De temps en temps, on se rencontre. Et comme Gaspard entretient soigneusement le mystère, chacun est persuadé que les effets spéciaux de l'autre sont de vraies manifestations surnaturelles. Ce serait drôle, non ? »

Drôle, oui, mais pas très réaliste.

« Ça ferait un bon thème de film, admet Jean Lorrin.

— Mais c'est une très mauvaise explication, ajoute Biribi. À moins d'utiliser du matériel invisible…

— … et des acteuws immatéwiels !

— Auquel cas, le château est vraiment hanté et on retourne à la case départ ! » s'esclaffe oncle Luc.

Tout le monde l'imite. Seule Anne ne s'associe pas à l'hilarité générale.

« Je trouve que vous prenez tout ça un peu trop à la légère, déclare-t-elle en repoussant, comme à son habitude, ses lunettes sur son nez. Avant de vous moquer des enfants, vous feriez mieux de vérifier leurs affirmations. Ils ont parlé d'une chambre, allons au moins la voir ! »

C'est la première parole intelligente que j'entends ce matin et, curieusement, notre « alliée » est la personne que nous soupçonnions le plus. Celle-là, on s'est bien trompés sur son compte… J'envoie un coup de coude complice à P'tit Jules, elle me répond d'un hochement de tête.

« Merci, Anne », dit-elle simplement.

Dix minutes plus tard, nous parvenons tous au sommet de la tour.

Une nouvelle surprise nous y attend.

« C'est ça, votre fameuse preuve ? » s'étonne Jean Lorrin en ouvrant la porte.

La stupéfaction nous cloue sur place, ma cousine et moi. Car devant nous, il n'y a qu'une pièce vide, délabrée et grise de poussière, comme le reste du bâtiment. Une pièce sans rideaux, sans meubles, sans candélabres, et de toute évidence inoccupée depuis des siècles.

12
La grande scène de la crypte (1)

JAMAIS, de toute ma vie, je n'ai été aussi humilié. Quant à P'tit Jules, elle ne desserre plus les lèvres. Devant notre confusion, Jean Lorrin, coupant court aux sarcasmes, déclare l'incident clos.

« Maintenant, au boulot ! annonce-t-il en redescendant. Nous avons déjà perdu trop de temps. »

Bientôt, la grande scène de la crypte mobilise toutes les énergies. Bien que le décor ait été installé hier par Dylan et Biribi, il reste encore des tas de petits détails à régler, avant le tournage. Une ampoule grillée, une rallonge qui manque, des accessoires à ramener du camion, une retouche de dernière minute aux costumes…

Pamela, arrivée un peu en retard sous prétexte d'insomnie – et que personne n'a mise au courant de l'histoire de ce matin – est d'une insupportable nervosité. À croire qu'elle a quelque chose à se reprocher… La pauvre mère Michèle fait les frais de sa mauvaise humeur, mais elle n'est pas la seule. Pour un oui ou pour un non, l'actrice pique sa crise sur tout ce qui bouge. P'tit Jules et moi ne sommes pas épargnés. Bref, l'atmosphère est électrique.

Même oncle Luc est à cran. Il faut dire que le succès de la scène repose essentiellement sur lui…

Seul Jean Lorrin demeure d'un calme imperturbable, dominant toute cette agitation à la manière d'un chef d'orchestre. Un chef d'orchestre dont les musiciens, complètement affairés, montent, descendent, courent dans tous les sens, lancent des ordres puis des contre-ordres, s'interpellent, se bousculent… avant de s'asseoir devant leurs instruments, à bout de souffle, pour interpréter un chef-d'œuvre.

À propos de chef-d'œuvre… Quand je descends

dans la crypte que je ne connais pas encore – et qui se situe juste sous la tour –, je ne vous dis pas le choc !

Les projecteurs éclairent un décor extraordinaire : une sorte de cave voûtée très basse, pleine de recoins d'ombre et soutenue par une vraie forêt de colonnes. Adossé à chacune d'entre elles, une statue de chevalier semble monter la garde. Leurs visages, rongés d'humidité, n'ont plus de nez ni de mentons. Il leur manque des membres, certains ont même perdu la tête, si bien qu'on dirait une armée de mutilés. Les victimes d'un combat particulièrement sanglant, comme figés dans la pierre pour l'éternité…

Ce lieu semble avoir été conçu pour de macabres cérémonies. Les évoquer me donne le frisson. Qu'a-t-on pratiqué, ici, dans le temps ? Des messes noires ? Des tortures, des envoûtements ? Était-ce le repaire d'une société secrète ? Sur quelles abominations veillaient jadis les chevaliers défigurés ?

Aujourd'hui, en tout cas, il veillent sur un cercueil… Le cercueil de Dracula !

C'est à la fois si magique et si angoissant que j'en reste bouche bée. J'ai l'habitude des décors de films d'horreur, pourtant. Mais entre les voir sur un écran et se trouver dedans, il y a quand même une sacrée différence !

Une main, se posant sur mon épaule, me tire de ma contemplation.

« Tu admires mon domaine d'outre-tombe ? » gronde une voix caverneuse.

Je me retourne d'un bloc, pour me retrouver nez à nez avec un vampire. Et quel vampire !

« Tonton, tu es… tu es magnifique ! »

Magnifique ? Le mot est faible, mais je n'ai pas trouvé mieux.

Franchement, Michèle s'est surpassée ! Même dans *Les Dents de la nuit*, le meilleur Lorrin d'après la critique, Dracula était moins réussi ! Ma parole, ON DIRAIT UN VRAI !

« Comment elle s'y est prise pour te faire ces yeux rouges ? »

Oncle Luc sourit, découvrant ses longues canines tranchantes.

« Des lentilles teintées, fifton ! Furprenant comme effet, non ? »

Bon, d'accord, ses dents le gênent un peu pour parler, et ça lui provoque un défaut de prononcia-

tion. Mais zézayer n'enlève rien à la prestance du personnage ! Oh, cette face blafarde aux lèvres couleur de sang ! Ces sourcils charbonneux, ces cheveux en ailes de corbeau plaqués sur le crâne ! Ces longs ongles crochus… Sous sa cape noire au col relevé, pas de doute, oncle Luc est vraiment, vraiment un être des ténèbres…

« Il est beau, mon popa, hein ! »

Tiens, P'tit Jules a retrouvé sa pêche ! La voilà de nouveau toute joyeuse. On dirait que l'épisode de ce matin est oublié…

Dylan l'a embauchée comme aide-électricienne. Depuis une bonne demie heure, elle fait la navette entre la crypte et le camion, des rouleaux de gélatine colorée plein les bras.

Intrigué, je lui demande :

« Ça sert à quoi, ce que tu transportes ?

— À placer devant les spots pour créer des ambiances. C'est un des plus vieux trucs des cinéastes d'horreur, avec les fumigènes… »

Du menton, elle m'indique Mamadou qui vient de jeter une allumette dans un récipient métallique. Une épaisse fumée blanche s'en dégage aussitôt.

J'ouvre des yeux ronds :

« Qu'est-ce qu'il fiche ?

— Il fabrique un effet de brouillard, tout simplement. »

Dominant le brouhaha des allées et venues, la voix de Jean Lorrin s'élève soudain.

« Tout le monde est prêt ? On peut commencer ?

— Il manque Pam, dit Anne. Michèle met la dernière main à son maquillage. »

Au même moment, un pas précipité résonne sur les marches menant au sous-sol et l'actrice surgit. Savamment décoiffée, la joue pâlie par le fard, l'œil cerné juste ce qu'il faut pour ne pas l'enlaidir, elle est particulièrement émouvante. Même dans *Lola-des-îles,* elle n'avait pas cet air d'innocente jeune fille. Et pourtant, ce rôle lui avait valu un César…

Des murmures flatteurs saluent son arrivée.

« Remarquable ! apprécie Jean Lorrin en l'examinant sous toutes les coutures. Tu vas « crever l'écran » avec ce minois, ma belle ! »

Il lui tapote paternellement la joue puis, haussant le ton, lance à la cantonade :

« Tout le monde en place, on démarre ! »

Docilement, oncle Luc gagne son cercueil, Biribi

sa caméra. Dylan vérifie une dernière fois les projecteurs. Mamadou cale sa perche sous son bras. Anne attrape son clap d'une main, son scénario de l'autre…

« Remonte dans le hall, Pam, ordonne le cinéaste. À mon signal, tu descends craintivement l'escalier en t'appuyant des deux mains au mur. N'aie pas peur d'exagérer ton expression inquiète !

— Compris. »

Elle s'esquive. Discrètement, je me rapproche de ma cousine.

« Tu crois qu'on peut rester sur le plateau, même si on ne joue pas ?

— Évidemment, banane ! À condition de ne pas nous faire remarquer, évidemment…

— Luc, tu comptes jusqu'à cinquante avant d'ouvrir ton cercueil, poursuit Jean Lorrin. Lentement, hein ! Le plus lentement possible ! Ça ira ?

— Ça ira ! »

Dracula s'allonge, rabat le couvercle sur lui.

« Biribi, tu zoomes sur Pam. On doit la voir surgir de loin, en contre-plongée…

— O.K. !

— Moteur ! »

Un ronronnement s'élève dans le silence de la crypte.

« Action !

— *Sanglantes Fiançailles,* scène XV, premier essai ! » annonce Anne.

Tout le monde retient son souffle, les yeux rivés sur l'escalier obscur. Marche après marche, Pam descend. Ce n'est d'abord qu'une silhouette qui se dessine peu à peu dans l'ombre, puis elle apparaît progressivement en pleine lumière. Et là, sous le feu des projecteurs, le miracle se produit : l'actrice capricieuse et ronchon devient brusquement la « sublime Brindisi » dont parlent les journalistes.

Toute son attitude exprime l'effroi. Le cou rentré dans les épaules, la démarche incertaine, on la sent aux aguets, prête à rebrousser chemin à la moindre alerte. Parvenue au pied de l'escalier, elle hésite, tourne la tête à droite et à gauche, avance, s'arrête à nouveau. Une respiration saccadée soulève sa poitrine, ses paupières battent. Les coins de sa bouche tremblent légèrement. C'est hallucinant de vérité : Pam ne joue plus, elle vit réellement son rôle.

À présent, elle s'avance au milieu de la crypte.

Une sorte de brume légère l'environne, estompant les statues défigurées qui semblent la fixer. Et elles l'effraient, ces statues, elles l'effraient ! Sous leur regard de pierre, elle se crispe toute entière, frémissante, grelottante, pathétique…

Insensiblement, le couvercle du cercueil s'entrouvre. Mais, tout à sa peur, elle ne le remarque pas. Soudain, elle se fige. Il lui a semblé entendre un bruit… Elle se retourne et scrute les ténèbres derrière elle, les traits tendus. Pendant ce temps-là, le cercueil continue à s'ouvrir, soulevé par une main aux ongles crochus. Lorsqu'elle s'en aperçoit, l'horreur la paralyse.

C'est au tour d'oncle Luc d'entrer en scène. Lui aussi donne sa pleine mesure. Avec une lenteur calculée, il se dresse, les canines en avant.

Et c'est alors que la « chose » se passe. Une « chose » terrifiante, monstrueuse, abominable, et pas du tout prévue au scénario…

Une femme venue on ne sait d'où fait irruption dans le champ de la caméra. Elle a de longs cheveux blancs, des yeux de folle, un teint cadavérique, et porte une chemise de nuit qui lui tombe jusqu'aux pieds.

« Mon enfant… Rendez-moi mon enfant », hulule-t-elle en se tordant les mains de désespoir.

Puis, aussi inexplicablement qu'elle était apparue, elle disparaît.

Ça s'est passé si vite que personne n'a réagi. La stupéfaction nous tétanise tous. Pam ouvre la bouche et oublie de la refermer, oncle Luc s'immobilise dans une position ridicule. P'tit Jules s'agrippe à ma main et me broie les doigts. La mère Michèle tombe dans les pommes.

« C…. Coupez ! bégaie Jean Lorrin, encore sous le coup de l'émotion.

— Qu'est-ce que c'était ? bredouille Biribi. Une v… vision subliminale ?

— Une hallucination collective, plutôt… » souffle Anne en se précipitant au secours de la maquilleuse évanouie.

Et Mamadou, dont le beau teint noir a viré au gris, de rétorquer :

« Mais non, vous n'avez rien compris : aussi ahurissant que ça paraisse, NOUS VENONS DE VOIR UN FANTÔME ! »

13
La grande scène de la crypte (2)

C'EST là que les choses se gâtent. Pamela commence par piquer une crise de nerfs.

« Je ne resterai pas ici une minute de plus ! » glapit-t-elle sur un ton suraigu.

Michèle, qui revient à elle, approuve hystériquement :

« Moi non plus ! Je veux m'en aller tout de suite !

— Remettez-vous, les exhorte Jean Lorrin. Il doit bien y avoir une explication. »

Mais il n'a pas l'air franchement convaincu.

« Une explication ? hurle Pamela. Tu as déchaîné les Forces du Mal, bougre d'imbécile, la voilà l'explication. La SEULE explication ! On nous avait assez prévenus, pourtant : ce château est hanté. Mais tu t'es obstiné, tu as voulu jouer les sceptiques et tu nous a entraînés avec toi dans la galère. Tu vois où ça nous a menés ?

— Partons, Pam, partons ! trépigne la maquilleuse.

— Si nous remontions à l'air libre pour discuter de tout ça calmement ? suggère Biribi.

— Pas de discussion ! coupe l'actrice en tournant les talons. Je m'en vais, un point c'est tout. Viens, Michèle.

— Mais enfin, tu ne peux pas nous laisser tomber comme ça au beau milieu d'un film ! s'insurge Anne, hors d'elle.

— Je vais me gêner ! Je tiens à ma peau, moi, figure-toi !

— Mais ton contrat... intervient Jean Lorrin.

— Mon contrat, JE LE ROMPS ! Hier, Michaël Carter m'a appelée des États-Unis. Il m'offre le premier rôle dans son prochain long métrage : une superproduction de cent millions de dollars. Je lui ai demandé vingt-quatre heures de réflexion...

J'hésitais à accepter pour ne pas te mettre dans l'embarras, mais les événements viennent de décider pour moi. Je pars dès demain… »

Et, sur un dernier regard de défi, elle quitte la crypte, suivie de sa maquilleuse. L'instant d'après, on entend démarrer sa voiture.

L'équipe, à présent, entoure son réalisateur. Chacun laisse éclater son indignation.

« Nous planter comme ça ! Quel manque de professionnalisme !

— C'est inconcevable !

— Inouï !

— Odieux ! »

P'tit Jules et moi, restés discrètement dans notre coin, suivons la scène sans oser intervenir. Car si l'apparition, tout en nous remplissant d'effroi, nous a quand même donné un sentiment de victoire, ses conséquences imprévues nous consternent, à présent.

Soudain, ma cousine se penche vers moi.

« Je pense à quelque chose d'idiot… » chuchote-t-elle.

Je lui lance un regard interrogatif.

« Ça l'arrange un peu trop, cette saleté de Pam,

de rompre son contrat. Michaël Carter est mille fois plus connu que Jean, et le cachet qu'il lui propose est certainement en proportion. Imagine qu'elle ait monté cette histoire de fantôme de toutes pièces, pour avoir une bonne raison de nous fausser compagnie… »

Je hausse les épaules.

« Comment elle aurait fait ?

— Tu sais, aujourd'hui, avec le virtuel…

— N'importe quoi ! Comme si on créait des effets virtuels comme ça, d'un simple claquement de doigts ! »

P'tit Jules a un hochement de tête indécis.

« T'as raison, évidemment… Mais admets quand même que le concours de circonstances est troublant. Les événements servent un peu trop bien les intérêts de cette peste !

— Arrête de délirer, P'tit Jules : nous savons mieux que personne que le fantôme existe ! C'est bien possible que Pam ait profité de la situation, l'occasion était trop belle, elle aurait été bête de la laisser passer. Mais de là à douter de ce que nous avons vu de nos propres yeux… »

De bruyantes protestations m'interrompent. À

la consternation générale, Jean Lorrin vient d'annoncer.

« Il ne nous reste plus qu'à remballer, mes amis… C'est fichu pour le film…

— Remballer ? s'indigne Biribi. À cause d'une péronnelle qui nous fait faux bond ?

— Tu n'y penses pas, Jean ! renchérit Dylan. Il va falloiw wembouwser la pwoduction…

— Tu sais combien va te coûter cette petite plaisanterie ? ajoute Anne. Même si Pam te paie des dommages et intérêts, ça ne sera pas suffisant, tu vas t'endetter jusqu'au cou !

— Fans compter que fe film, on l'a à cœur, nous ! intervient oncle Luc. On f'est inveftis dedans, on veut qu'il voie le vour !

— On est même prêts à travailler gratoche, s'il le faut ! assure Mamadou.

— Merci de votre soutien, mes amis, soupire le cinéaste. Mais la situation est inextricable. Sans Pam, le film ne PEUT pas se faire.

— Pourquoi ? s'insurge Anne. Il n'y a qu'à la remplacer !

— Et qui va jouer son rôle, toi peut-être ?

— NON, MOI ! »

La voix a éclaté comme un coup de feu. Elle vient du fond de la crypte. Un souffle glacé passe sur l'assistance.

Toute droite, toute blanche, la comtesse se tient debout à côté du cercueil. Sous l'éclat des projecteurs, son teint blafard a des reflets de cire. Des cernes mauves lui mangent les joues. Sur ses lèvres décolorées flotte un étrange rictus.

« V… vous, madame ? » ânonne Jean Lorrin, pétrifié.

Le rictus du fantôme se change en franc sourire.

« J'ai fait mes preuves, non ? »

14
Tout s'explique !

D'UN geste un peu trop désinvolte pour un spectre digne de ce nom, la comtesse relève le bas de sa jupe et s'en sert pour effacer son maquillage. Dessous, il y a un visage mutin, une bouche rieuse, des fossettes. Puis elle retire sa perruque blanche, découvrant une tignasse frisée, mi-longue, couleur caramel.

« Mais enfin… Qui êtes-vous ? » s'écrie Jean Lorrin.

De pâle qu'il était, il est devenu tout rouge. Ça doit être l'émotion… ou les prémices d'une grosse colère. Sans se laisser intimider, la « comtesse » lui tend la main.

« Charlotte Ledoux, se présente-t-elle. Je viens juste d'avoir vingt ans et je rêve de devenir comédienne…

— Ledoux ? Mais j'ai un copain qui s'appelle comme ça, moi ! Olivier Ledoux.

— Ben ouais, je sais bien, c'est mon frère… »

La foudre s'abattant à mes pieds – ou l'apparition d'un nouveau fantôme ! – ne me surprendrait pas davantage. Ça alors, pour une coïncidence…

« Ce n'est pas une coïncidence ! précise Charlotte. Quand Olivier m'a appris que Jean Lorrin allait tourner un film ici, j'ai décidé de tenter ma chance. Faut dire… »

Elle se tourne vers le réalisateur et lui dédie son plus éclatant sourire.

« … que vous êtes mon idole, monsieur Lorrin ! »

Ce dernier arbore une grimace mi-indignée mi-amusée :

« Ça ne vous a pas empêchée de me mettre dans de beaux draps, mademoiselle ! »

La jeune fille a une mimique de repentir comique.

« C'était pour la bonne cause, s'excuse-t-elle. J'ai

essayé mille fois de vous contacter avant d'employer ce moyen. J'ai téléphoné à votre bureau, à votre maison de production, partout. À chaque fois, je me suis fait jeter. Vous êtes un homme inapprochable, monsieur Lorrin !

— C'est la rançon de la gloire, intervient Anne. Vous n'avez pas idée du nombre de gens qui le sollicitent, du courrier qu'il reçoit. S'il devait s'occuper de tous ses admirateurs, ses journées n'y suffiraient pas, et…

— J'en étais consciente, c'est pour ça que j'ai eu recours à cette ruse, l'interrompt Charlotte. Je connais très bien le château de Malfranche et sa légende : ma grand-mère habite tout près d'ici. C'est elle qui m'a conseillé de m'adresser à Gaspard…

— Gaspard ! » s'exclament en chœur Dylan et Biribi .

Anne serre les poings.

« Celui-là, alors, quel faux jeton !

— Un faux jeton ? renchérit oncle Luc. Un salopard, veux-tu dire !

— Gaspard-le-salopard, pouffe Mamadou. C'est presque aussi joli qu'Hannibal-le-cannibale ! »

Charlotte lève les yeux au ciel.

« Mais non, Gaspard n'est pas un salopard, réplique-t-elle avec conviction. C'est un type très chouette, au contraire, puisqu'il m'a permis de vous rencontrer ! D'ailleurs, il est amoureux de ma grand-mère...

— Quel rapport ? » s'étonne P'tit Jules.

Un pas claudicant résonne dans l'escalier et le gardien sort de l'ombre, suivi de son inséparable Pim.

« Vous croyez que j'aurais pris des risques pareils si ce n'était pas pour plaire à Julia ? » jette-t-il hargneusement.

Jean Lorrin lui fonce aussitôt dessus.

« Je ne vous félicite pas pour vos initiatives, monsieur Gaspard ! Vous nous avez trompés, floués... Votre attitude est inacceptable, et je vous préviens, l'agence entendra parler de...

— Mais je n'ai pris aucune initiative, moi ! se récrie le gardien. Je me suis contenté de fermer les yeux sur la présence de cette jeune fille dans nos murs... »

Charlotte lui lance un clin d'œil de connivence.

« ... Et aussi de m'indiquer quelques passages

secrets… susurre-t-elle. De m'aider à déménager quelques meubles…

— … De mettre mon ami l'aubergiste dans le coup, pour qu'il vous baratine… admet Gaspard, entrant dans le jeu.

— … Et de jouer – remarquablement, d'ailleurs, ce n'est pas Jean Lorrin qui me contredira ! – la comédie du vieux fou superstitieux.

— Bref, à vous deux, vous avez mené dix personnes en bateau, traumatisé deux adolescents, fait capoter un film et projeté une actrice détestable vers la gloire d'outre-Atlantique ! conclut Biribi avec un petit sifflement admiratif. Chapeau, bel exploit ! Je crois que ça mérite bien les félicitations du Maître !

— Les félicitations… Les félicitations… grogne Jean Lorrin. Je trouve que tu vas un peu vite en besogne ! »

Mais on sent bien qu'il est, sinon séduit, du moins intéressé.

« Alors, la silhouette que Loïc a aperçue dans le couloir, c'était toi ? » réalise brusquement P'tit Jules.

Charlotte hoche la tête, un fou rire sur les lèvres.

« J'avais besoin de maquillage… explique-t-elle. Grand-mère m'avait juste prêté la perruque et la chemise de nuit…

— Et le tableau qui pleurait ?

— C'était moi aussi. Une petite supercherie d'une simplicité enfantine. Juste avant que vous n'entriez dans le salon, j'ai envoyé un jet, au pistolet à eau, dans les yeux de cette pauvre Lorraine. Puis je me suis planquée…

— Où ça ? Il n'y avait aucun meuble…

— Dans l'un des passages secrets que je lui ai indiqués, dit Gaspard. Un boyau dissimulé derrière les miroirs – sans tain, je le précise ! – et qui communique avec… »

« Il boitille vers l'une des statues dont il touche un point précis sur la poitrine. Aussitôt un pan de mur pivote, découvrant une niche étroite dans la muraille.

« … Celui-ci !

— Ce qui vous a permis, à la faveur des fumigènes, d'apparaître dans cette crypte sans qu'on sache d'où vous veniez… comprend Biribi.

— … Et d'en dispawaitwe de la même manièwe. Twès astucieux ! »

J'interviens à mon tour :

« Les fautes d'orthographe, c'était toi aussi, alors ? »

Charlotte ouvre des yeux ronds.

— Quelles fautes d'orthographe ?

— Sur le message au rouge à lèvres et le panneau « Danger d'éboulements ».

La jeune fille hausse les sourcils.

— Tu as remarqué ça, toi ? T'es très observateur, dis donc…

« Ben oui… Même qu'avec P'tit Jules, on a cru que c'était Gaspard…

— J'écris sans fautes, moi ! proteste le gardien.

— Tandis que moi… reconnaît Charlotte, faussement contrite. À l'école, j'ai toujours été très mauvaise en dictée ! En récitation, par contre… »

Je ne lui laisse pas le temps de nous raconter sa vie.

Trop de questions se pressent dans ma caboche, et je n'ai qu'une hâte : qu'elle leur apporte une réponse.

« Pourquoi tu voulais nous empêcher de monter dans la tour ?

— C'était mon refuge ! Il fallait bien que je vive

quelque part où vous ne risquiez pas de me surprendre !

— Dans la chambre du haut, je suppose…

— Exactement !

— Comment tu as fait pour en disparaître… ? Car le cadavre de la comtesse, c'était toi, évidemment !

— Je suis descendue par un autre passage secret pendant que vous montiez. Le château tout entier en est truffé !

— Et pour vider la pièce en un clin d'œil, et qu'elle ait l'air à l'abandon, tu as fait comment ? »

Charlotte se tourne en riant vers Gaspard.

« Ça, demandez-le, à lui ! »

Le gardien pousse un gros soupir.

« Pfff, ce qu'on a travaillé pour escamoter le mobilier ! Déjà, le descendre du grenier, ça n'avait pas été une mince affaire, mais l'y remonter en une nuit… J'en ai encore les muscles endoloris ! Sincèrement, je plains les déménageurs !

— Mais la poussière, les toiles d'araignées…

— Simple mise en scène, sourit Charlotte. C'était réussi, non ? Je suis assez fière de moi, et… »

Jean Lorrin l'interrompt d'un geste.

« Attends, dit-il, la tutoyant sans s'en apercevoir. Si je comprends bien, tu as combiné cette mystification toute seule.

— À peu près, oui. À part le déménagement…

— Ça signifie que tu es aussi douée en déco et en maquillage qu'en comédie… »

Sous le compliment, la jeune fille s'empourpre. Jean Lorrin fait un pas vers elle, le visage radieux.

« Mais tu es un trésor, une chance inespérée ! Dans mes bras, ma grande, je t'engage ! »

Une salve d'applaudissements salue sa décision, d'autant qu'elle est suivie de cette déclaration fracassante :

« Au travail, mes amis, le film continue ! Et on a intérêt à mettre les bouchées doubles : nous avons toutes les scènes de Pam à retourner avec notre nouvelle vedette ! »

Tandis que l'équipe s'affaire avec enthousiasme, j'entraîne ma cousine au-dehors. Ce qui vient de se passer m'a un peu étourdi, j'ai besoin de grand air pour faire le point.

Un radieux soleil a succédé à l'orage de cette nuit. Le parc rutile, les oiseaux chantent. L'herbe est pleine de grésillements d'insectes. Débarrassé de son aura maléfique, le château de Malfranche n'est plus qu'un vieux bâtiment mal entretenu, dans une propriété très belle et revenue à l'état sauvage.

Je m'assieds sur les marches du perron, P'tit Jules en fait autant. Profitant d'un instant d'inattention, Tatouille se laisse glisser le long de son bras et s'étale voluptueusement, les pattes en l'air, sur les pierres chaudes.

« Ça te change de l'humidité de la crypte, hein, mon pépère ! » gazouille sa maîtresse en lui gratouillant le ventre.

Je l'arrête d'un geste. Un souvenir vient de me revenir sans crier gare.

« P'tit Jules…

— Ouais ?

— Y a quelque chose qui ne colle pas…

— Quoi donc ?

— Anne… Tu te souviens de son embarras, le matin, quand j'ai parlé des pas dans le couloir ? C'était visible qu'elle cachait quelque chose. Et pourquoi n'était-elle pas dans sa chambre, la nuit dernière ? »

P'tit Jules a un sourire mystérieux.

« Ça, mon vieux, je crois que j'ai compris… »

Elle me prend par la main et m'entraîne au premier étage. Sans un bruit, elle ouvre la porte de Mamadou.

Sur le lit du preneur de son, jetés en vrac, il y a le tee-shirt et le jean que la script portaient hier. Ainsi que ses sous-vêtements…

« Nom de nom, tu crois que… ? »

Ma cousine pose un doigt sur la bouche.

« Chut, Loïc, nous tournons un film de vampires, pas une histoire d'amour. Cette aventure-là ne nous regarde pas ! »

Et, les yeux en coulisse, elle ajoute :

« N'empêche que les histoires d'amour, moi, j'adooore ! »

Table des matières

Du même auteur

- *Prince charmant poil aux dents,* Syros.
- *Rosaloche la moche,* Syros.
- *Bye bye maman,* Syros.
- *Et rose elle a vécu,* Denoël.
- *Agence Torgnole, frappez fort,* Syros.
- *Mort d'un chien,* Hachette.
- *Mémé est amoureuse,* Syros.
- *La vie à reculons,* Hachette.
- *L'école qui n'existait pas,* Nathan.
- *Après vous, monsieur de La Fontaine,* Hachette.
- *La bibliothécaire,* Hachette.
- *L'envers du décor,* Hachette.
- *Le château des chiens perdus,* Hachette.
- *Les poilantes aventures de René, le virus,* Éditions Bayard.
- *Le dentiste est un vampire,* Hachette.
- *La sorcière est dans l'école,* Hachette.
- *Le manège de l'oubli,* Nathan.
- *Les ogres du centre commercial,* Hachette.
- *Le fantôme du panier à linge,* Hachette.
- *Un requin dans la piscine,* Hachette.
- *Ne vous disputez jamais avec un spectre !* Hachette.
- *En colo avec des démons,* Hachette.
- *Au secours, je suis invisible !* Nathan.
- *Mon papy s'appelle Barbe-Bleue,* Hachette.
- *Bonjour, monsieur Frankenstein,* Hachette.
- *La forêt des hurlements,* Hachette.
- *Zoé contre Zoé,* Hachette.
- *Dernier cauchemar,* Nathan.
- *Le métro de l'horreur,* Hachette.
- *Cœur de guimauve,* Hachette.
- *Au Gringo's bar,* Syros.
- *L'île du docteur Morora,* Hachette.
- *La fille au chien noir,* Hachette.
- *Le squelette connaît la musique !* Hachette.
- *Le jour où Marion devint un lapin,* Hachette.
- *Le père Noël est un extraterrestre,* Hachette.
- *La boutique maléfique,* Nathan.
- *L'abominable petite fille des neiges,* Hachette.
- *J'irai dormir au fond du puits,* Grasset.
- *La poupée aux yeux vivants,* Nathan.

Imprimé par Vincenzo Bona - Torino (Italie)
N° d'Éditeur : 99/115 - Dépôt légal : mars 1999